CATALOGUE
2000

ÉDITIONS SCIENCES ET *CULTURE*

Nous reconnaissons l'aide financière du gouvernement du Canada par l'entremise du Programme d'Aide au Développement de l'Industrie de l'Édition pour nos activités d'édition.

ÉDITEUR

ÉDITIONS SCIENCES ET *CULTURE*

5090, rue de Bellechasse
Montréal (Québec) Canada - H1T 2A2
Téléphone : (514) 253-0403 - Télécopieur : (514) 256-5078
Internet : http://www.sciences-culture.qc.ca
Courriel: admin@sciences-culture.qc.ca

DIFFUSEURS ET DISTRIBUTEURS

CANADA: IRIS DIFFUSION

5090, rue de Bellechasse
Montréal (Québec) Canada - H1T 2A2
Téléphone : (514) 253-0403 - Télécopieur : (514) 253-2714
Internet : http://www.sciences-culture.qc.ca
Courriel: admin@sciences-culture.qc.ca

CANADA: SOCADIS

(GRANDE SURFACE)
350, boul. Lebeau
Ville St-Laurent (Québec) Canada - H4N 1W6
Téléphone: (514) 331-3300 - Télécopieur: (514) 745-3282

CANADA: DISTRIBUTION PROPULSION INTERNATIONAL

(ÉCOLE DE CONDUITE AUTOMOBILE)
3500, boul. Matte, Local 214
Brossard, Québec - J4Y 2Z2
Téléphone: (450) 444-7000 - Télécopieur: (450) 444-1625

FRANCE: DILISCO

Route du Limousin - B.P. 25, 23220 Cheniers
Téléphone: 05.55.51.80.00 - Télécopieur: 05.55.62.17.39

SUISSE: TRANSAT S.A.

Route des jeunes, 4 Ter - C.P. 1210   1211 Genève 26
Téléphone: 022/342.77.40 - Télécopieur: 022/343.46.46

BELGIQUE: VANDER

Avenue des Volontaires, 321 - B 1150 Bruxelles
Téléphone: 761.12.12 - Télécopieur: 761.12.13

BOUILLON DE POULET POUR L'ÂME

FORMAT 15 X 23 CM
288 PAGES
ISBN 2-89092-212-X
19,95 $

Mark Victor Hansen
est un des plus grands communicateurs et motivateurs au monde. Au cours des dernières années, il a prononcé quelque 4 000 causeries devant des millions de personnes.

Jack Canfield
est président de Self-Esteem Seminars *et de la* Self-Esteem Foundation, *en Californie. Plus de 500 000 personnes ont participé à ses séminaires intensifs de développement personnel et professionnel.*

Traduit par:
Denis Ouellet

Un 1er bol de Bouillon de poulet pour l'âme

Des histoires qui réchauffent le cœur et remontent le moral

La lecture de *Un 1er bol de Bouillon de poulet pour l'âme* élèvera votre esprit et apaisera votre âme. À la fois émouvantes et stimulantes, pleines d'humour et de sagesse, ces «perles», tirées du vécu de nombreuses personnes, constituent un rappel aux valeurs essentielles: amour, amitié, gratitude, compassion.

Que l'on veuille encourager un ami, instruire un enfant, ou illustrer une idée, on trouvera toujours une histoire appropriée dans ce trésor de sagesse.

«L'argent et la gloire ne rendent pas nécessairement les gens heureux. Il faut trouver le bonheur à l'intérieur de soi. Bouillon de poulet pour l'âme vous mettra un million de sourires dans le cœur.»

- ROBIN LEACH
auteur et vedette
de la télévision américaine

IE

1 des best-sellers du New York Times

FORMAT 15 X 23 CM
304 PAGES
ISBN 2-89092-208-1
19,95 $

Mark Victor Hansen
est un des plus grands communicateurs et motivateurs au monde. Au cours des dernières années, il a prononcé quelque 4 000 causeries devant des millions de personnes.

Jack Canfield
est président de Self-Esteem Seminars *et de la* Self-Esteem Foundation, *en Californie. Plus de 500 000 personnes ont participé à ses séminaires intensifs de développement personnel et professionnel.*

Traduit par:
Claire Stein

Un 2e bol de Bouillon de poulet pour l'âme

Des histoires qui réchauffent le cœur et remontent le moral

Les best-sellers américains de la série *Bouillon de poulet pour l'âme (Chicken Soup for the Soul)* ont capté l'imagination de plusieurs millions de lecteurs par leurs réjouissants messages d'espoir et d'inspiration. *Sciences et Culture* est heureuse de vous présenter en français *Un 2e bol de Bouillon de poulet pour l'âme.*

Grâce aux expériences vécues par d'autres personnes, des lecteurs d'horizons très variés peuvent apprendre le don de l'amour, le pouvoir de la persévérance, la joie de l'art d'être parent et l'énergie vitale du rêve. Partagez la magie qui changera à jamais votre façon de vous percevoir et de percevoir le monde qui vous entoure.

«AVERTISSEMENT. La lecture de ce 2e bol de Bouillon de poulet pour l'âme peut entraîner des rires, des larmes, des serrements de gorge et une augmentation permanente de l'amour, du courage et de la responsabilité personnelle.»

- JIM NEWMAN
CPAE, auteur

IE

1 des best-sellers du New York Times

BOUILLON DE POULET POUR L'ÂME

FORMAT 15 X 23 CM
304 PAGES
ISBN 2-89092-217-0
19,95 $

Mark Victor Hansen
est un des plus grands communicateurs et motivateurs au monde. Au cours des dernières années, il a prononcé quelque 4 000 causeries devant des millions de personnes.

Jack Canfield
est président de Self-Esteem Seminars *et de la* Self-Esteem Foundation, *en Californie. Plus de 500 000 personnes ont participé à ses séminaires intensifs de développement personnel et professionnel.*

Traduit par:
Annie Desbiens et
Miville Boudreault

Un 3e bol de Bouillon de poulet pour l'âme

Un autre recueil d'histoires qui réchauffent le cœur et remontent le moral

Pour satisfaire leur vaste public affamé d'autres bonnes nouvelles du même genre, Jack Canfield et Mark Victor Hansen se sont remis au travail et ont concocté un autre *bouillon* d'histoires, véritables témoignages de vie, pour réchauffer votre cœur, apaiser votre âme et nourrir vos émotions.

Thèmes traités: l'amour - l'art d'être parent - l'enseignement et l'apprentissage - la mort et les mourants - une question de perspective - une question d'attitude - savoir vaincre les obstacles - sagesse éclectique.

«Avec ce troisième ouvrage de la collection des Bouillon de poulet, *Mark Victor Hansen et Jack Canfield ont encore une fois trouvé le filon. Cet ouvrage a une valeur intrinsèque réelle, je lui accorde une note parfaite de 10!»*

- PETER VIDMAN
médaillé d'or olympique
en gymnastique

IE

Auteurs # 1 des best-sellers du New York Times

PRINTEMPS 2000

FORMAT 15 X 23 CM
312 PAGES (APPROX.)
ISBN 2-89092-250-2

Mark Victor Hansen et Jack Canfield, conférenciers réputés.

Hanoch McCarty, président de Hanoch McCarty & Associates, *est applaudi internationalement en tant que conférencier et auteur.*

Meladee McCarty, spécialiste des programmes du Sacramento County Office of Education, *s'occupe de placer les enfants sérieusement handicapés.*

Traduit par:
Fernand A. Leclerc et Lise B. Payette

Un 4e bol de Bouillon de poulet pour l'âme

Des histoires qui réchauffent le cœur et remontent le moral

Jack Canfield et Mark Victor Hansen, deux des motivateurs les plus aimés au monde, vous invitent à vous joindre à eux pour un nouveau festin d'histoires inspirantes et de sagesse, en célébration de la vie. Pour ce nouveau livre, Jack et Mark se joignent au premier couple américain de la bonté, Hanoch et Meladee McCarty. Ensemble, ces quatre chefs littéraires inspirants ont recueilli des recettes éprouvées de succès et de bonheur, de nouvelles anecdotes de partage et de générosité et des brins savoureux d'honnêteté, d'intégrité, de respect et d'estime de soi.

Encore une fois, vous trouverez ici des histoires qui réchauffent le cœur portant sur vos sujets favoris: l'amour, l'art d'être parent, l'enseignement et l'apprentissage, les perspectives, les attitudes, les obstacles vaincus et la sagesse. Profitez seul de ce livre enrichissant ou partagez-le avec vos amis, votre famille et vos collègues de travail. Il vous réchauffera le cœur, vous remontera le moral et changera votre vision de la vie.

IE

Auteurs # 1 des best-sellers du New York Times

AUTOMNE 2000

Un 5e bol de Bouillon de poulet pour l'âme

Des histoires qui réchauffent le cœur et remontent le moral

FORMAT 15 X 23 CM
350 PAGES (APPROX.)
ISBN 2-89092-

Mark Victor Hansen
est un des plus grands communicateurs et motivateurs au monde. Au cours des dernières années, il a prononcé quelque 4 000 causeries devant des millions de personnes.

Jack Canfield
est président de Self-Esteem Seminars *et de la* Self-Esteem Foundation, *en Californie. Plus de 500 000 personnes ont participé à ses séminaires intensifs de développement personnel et professionnel.*

Jack Canfield et Mark Victor Hansen, de renom international et aimé mondialement comme conférenciers sur la motivation, vous offrent leur plus récent banquet d'histoires éternelles et de sagesse inspirante. Que vous soyez un inconditionnel depuis longtemps ou un débutant de cette série *Bouillon de poulet pour l'âme*, vous allez chérir ce nouvel hommage à la vie et à l'humanité. Ces sujets sont un éventail d'émotions et une gamme d'expériences; ces histoires vous invitent à apprécier *Bouillon de poulet* en ce qui vous semble le plus réconfortant et le plus attirant... que ce soit en une cuillerée, un plein bol ou tout un chaudron pris en un seul service.

Les auteurs de ces histoires partagent avec vous quelques expériences de vie qui sont le plus signifiantes. Leur narration des dons vous aidera à trouver un sens plus profond de vos propres expériences et d'avancer en une vie plus riche et comble. Rappelez-vous, dans votre vie et dans la vie de ceux et celles que vous aimez, il y a toujours de la place pour plus d'amour, plus de sagesse, plus d'inspiration et d'expériences, plus d'histoires à partager et bien sûr, plus de *Bouillon de poulet*.

IE

Auteurs # 1 des best-sellers du New York Times

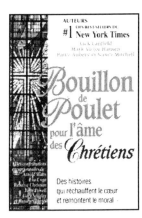

FORMAT 15 X 23 CM
288 PAGES
ISBN 2-89092-235-9
19,95 $

Mark Victor Hansen
est un des plus grands communicateurs et motivateurs au monde.

Jack Canfield
est président de Self-Esteem Seminars *et de la* Self-Esteem Foundation, *en Californie.*

Patty Aubery
est vice-présidente de The Canfield Group.

Nancy Mitchell
est directrice des publications de The Canfield Group.

Traduit par:
Claire Stein

Bouillon de poulet pour l'âme des chrétiens

Des histoires qui réchauffent le cœur et remontent le moral

Dans ce nouveau livre exceptionnel destiné particulièrement aux chrétiens, vous trouverez des histoires qui stimuleront votre foi et accroîtront votre sensibilisation à la mise en pratique des valeurs chrétiennes dans votre vie quotidienne — tant à la maison qu'au travail et dans la collectivité. Votre cœur s'ouvrira à l'expression de l'amour durable du Christ.

Vous y découvrirez des miracles que nous connaissons tous lorsque nous faisons une place au Christ dans notre vie de tous les jours. Ces récits puissants approfondiront votre compassion envers les autres et vous inspireront des actes de charité plus significatifs. Ils vous rappelleront que vous n'êtes jamais seul ou sans espoir, si difficile et pénible que soit votre situation.

«Cet ouvrage inspirera, activera et détendra ‹votre âme› et vous soutiendra tout le long d'une journée inoubliable.»
- RUTH STAFFORD PEALE

IE

Auteurs # 1 des best-sellers du New York Times

FORMAT 15 X 23 CM
312 PAGES
ISBN 2-89092-232-4
19,95 $

Mark Victor Hansen
est un des plus grands communicateurs et motivateurs au monde.

Jack Canfield
est président de Self-Esteem Seminars *et de la* Self-Esteem Foundation, *en Californie.*

Jennifer Read Hawthorne *et* **Marci Shimoff,**
conférencières sur des sujets tels que croissance personnelle, développement de soi et succès professionnel.

Traduit par:
Annie Desbiens et
Miville Boudreault

Bouillon de poulet pour l'âme d'une mère

Un recueil d'histoires qui réchauffent le cœur et remontent le moral d'une mère

Elle doit d'abord tenir ses enfants dans ses bras, puis les laisser voler de leurs propres ailes. Elle doit leur apprendre à marcher, puis les voir descendre l'allée de l'église lorsqu'ils se marient. Elle doit les protéger des cauchemars, puis les encourager à poursuivre leurs rêves. «Elle» est une mère, et voici un livre écrit spécialement pour elle.

Que vous soyez future maman, grand-maman ou tout simplement quelqu'un qui reconnaît l'influence maternelle dans sa vie, ces histoires vous feront rire, pleurer et réfléchir sur les hauts et les bas du rôle de mère.

«La maternité est une des expériences les plus gratifiantes de la vie. Bouillon de poulet pour l'âme capture l'essence même de cette précieuse expérience.»

- CHRIS EVERT
championne de tennis

IE

Auteurs # 1 des best-sellers du New York Times

FORMAT 15 X 23 CM
288 PAGES
ISBN 2-89092-218-9
19,95 $

Mark Victor Hansen
est un des plus grands
communicateurs et motiva-
teurs au monde.

Jack Canfield
est président de Self-Esteem Seminars *et de la* Self-
Esteem Foundation, *en*
Californie.

Jennifer Read Hawthorne
et Marci Shimoff,
conférencières sur des
sujets tels que croissance
personnelle, développe-
ment de soi et succès
professionnel.

Traduit par:
Annie Desbiens et
Miville Boudreault

Bouillon de poulet pour l'âme de la femme

Des histoires qui réchauffent le cœur et remontent le moral de la femme

Ces magnifiques histoires honorent la force et révèlent la beauté de l'esprit des femmes.

Vous trouverez inspiration, joie et réconfort dans les messages particuliers aux chapitres sur: l'amour, vivre vos rêves, savoir vaincre les obstacles, le mariage, la maternité, le vieillissement, l'action d'engendrer, l'attitude, l'estime de soi et la sagesse.

Peu importe que vous soyez une femme de carrière ou une maman à la maison, une adolescente ou une aînée, une jeune femme débutante ou une femme du monde, ce merveilleux livre sera un compagnon précieux pour des années à venir.

«La vie d'une femme est une mine d'émotions dont ce livre nous dévoile toute la richesse. Enfin, un Bouillon de poulet *uniquement pour nous! Il vous réchauffera à la fois le cœur et l'âme.»*

- LEEZA GIBBONS

IE

Auteurs # 1 des best-sellers du New York Times

FORMAT 15 X 23 CM
288 PAGES
ISBN 2-89092-230-8
19,95 $

Mark Victor Hansen
est un des plus grands communicateurs et motivateurs au monde.

Jack Canfield
est président de Self-Esteem Seminars *et de la* Self-Esteem Foundation.

Kimberly Kirberger
est directrice-rédactrice en chef de l'organisation Bouillon de poulet pour l'âme. *Elle a travaillé auprès d'enfants handicapés ou en difficultés d'apprentissage.*

Traduit par:
Annie Desbiens et
Miville Boudreault

Bouillon de poulet pour l'âme des ados

Un recueil d'histoires sur la vie, l'amour et l'apprentissage

Bouillon de poulet pour l'âme des ados est un guide de survie qui t'aidera à traverser avec succès ces années trépidantes sans perdre ton sens de l'humour ni ton équilibre.

Cet ouvrage te propose des histoires sur de multiples sujets: l'amitié et l'amour, l'importance de croire en l'avenir, le respect de soi et des autres, la façon de surmonter des épreuves comme la mort, le suicide et les chagrins d'amour.

Bouillon de poulet pour l'âme des ados sera pour toi comme un ami qui comprend ce que tu resssens, sur qui tu peux compter et qui t'encourage dans les moments difficiles.

«C'est avec joie que j'ai participé à ce livre, sachant qu'il proposerait aux jeunes des histoires auxquelles ils pourraient s'identifier et desquelles ils pourraient apprendre. Le résultat dépasse mes espérances: les adolescents adoreront ce livre.»
- JENNIE GARTH
actrice, Beverly Hills 90210

IE

Auteurs # 1 des best-sellers du New York Times

PRINTEMPS 2000

FORMAT 15 x 23 CM
384 PAGES (APPROX.)
ISBN 2-89092-257-X

*Mark Victor Hansen et
Jack Canfield*
*sont des conférenciers qui
consacrent leur vie à favoriser le développement des
autres.*

Patty Hansen,
*épouse de Mark, mère de
deux enfants, est coauteure
de* Un concentré de Bouillon de poulet pour l'âme.

Irene Dunlap,
*écrivaine et mère de deux
enfants, elle est militante
dans l'amélioration du
système public d'éduca-
tion.*

*Traduit par:
Annie Desbiens et
Miville Boudreault*

*Bouillon de poulet
pour l'âme de l'enfant*

Des histoires de courage,
d'espoir et de joie de vivre

Les enfants, vous vouliez votre propre *Bouillon de poulet* ? C'est maintenant fait! *Bouillon de poulet pour l'âme de l'enfant*
s'adresse «exclusivement» à vous, les jeunes
de 9 à 13 ans.

Parfois, tu as sûrement l'impression que la
vie n'est qu'un feu roulant d'activités et de
jeux avec les copains. À d'autres moments,
toutefois, la vie te paraît probablement com-
pliquée: il y a de la violence partout, de plus
en plus de parents divorcent, ton meilleur ami
déménage, tu te sens rejeté des autres.

Grâce à ce *Bouillon de poulet pour l'âme,* tu
trouveras réponses et mots d'encouragement, et tu te rendras compte que tu peux
réellement réaliser tes rêves.

Ce livre contient des histoires amusantes sur
l'amitié et la famille, mais aussi des histoires
plus sérieuses sur le courage et les choix difficiles. Ces histoires te feront rire et pleurer,
elles stimuleront ta réflexion et te réconci-
lieront avec toi-même.

*«J'ai lu d'une seule traite ces histoires par-
fois drôles mais toujours inspirantes. Quel
remède apaisant pour l'âme enrhumée.»*
- TARAN SMITH

IE

Auteurs # 1 des best-sellers du New York Times

FORMAT 15 X 23 CM
288 PAGES
ISBN 2-89092-248-0
19,95 $

Mark Victor Hansen et
Jack Canfield
sont des conférenciers qui
consacrent leur vie à
favoriser le développe-
ment des autres, tant sur le
plan personnel que profes-
sionnel.

Maida Rogerson,
Martin Rutte,
Tim Clauss
sont des conférenciers et
consultants réputés dans
le domaine des pratiques
de travail innovatrices et
du développement spiri-
tuel.

Traduit par:
Annie Desbiens et
Miville Boudreault

Bouillon de poulet pour l'âme au travail

Des histoires de courage, de compassion et de créativité sur le lieu du travail

Une partie importante de notre vie est consacrée au travail; que ce soit en servant des clients, en bâtissant une entreprise ou en cuisinant pour votre famille. De ce fait, nous avons tous des histoires intéressantes à raconter sur notre travail. De ce précieux coffre aux trésors d'expériences, Canfield, Hansen et leurs partenaires ont rassemblé une collection spéciale d'histoires inspirantes. Le courage au quotidien, la compassion et la créativité sont partout au rendez-vous sur les lieux de travail.

Ce *Bouillon de poulet pour l'âme au travail*, par ses histoires de courageux leaders et ses exemples de réussites inspirantes, nourrira votre esprit et stimulera votre créativité. Vos collègues de travail et vous apprendrez comment vous enrichir grâce à une profonde reconnaissance.

Ce livre puissant vous offrira de nouvelles options, de nouvelles manières de réussir et, plus que tout, une nouvelle façon d'aimer et d'apprécier votre travail, ceux qui vous entourent et vous-même. Partagez-le avec votre mentor, vos collègues de travail, et savourez le plaisir et la joie renouvelée dans la vocation que vous avez choisie.

IE

Auteurs # 1 des best-sellers du New York Times

AUTOMNE 2000

FORMAT 15 X 23 CM
288 PAGES (APPROX.)
ISBN 2-89092-

Mark Victor Hansen *est un des plus grands communicateurs et motivateurs au monde.*

Jack Canfield *est président de* Self-Esteem Seminars *et de la* Self-Esteem Foundation, *en Californie.*

Patty Aubery *est vice-présidente de* The Canfield Group.

Nancy Mitchell *est directrice des publications de* The Canfield Group.

Bouillon de poulet pour l'âme du survivant

Des histoires de courage et d'inspiration pour ceux et celles qui ont survécu au cancer

Le cancer touche de nombreuses personnes de diverses façons. Il afflige jeune et vieux, riche et pauvre; il ne fait pas de distinction. Il dépouille les êtres de leur dignité, ravage le corps humain et déchire des familles. Mais pour les affligés, les événements du quotidien prennent de la valeur: le coucher du soleil, le repas avec ceux que l'on aime, les couleurs des feuilles à l'automne. Pour les personnes vivant avec le cancer, chaque moment est précieux, chaque respiration est sacrée.

Dans ce recueil, vous pourrez lire des histoires incroyables de personnes qui, au-delà de la souffrance, ont réussi à survivre au cancer. Grâce à un soutien aimant, une espérance sans fin, une attitude positive et une foi inébranlable en leur capacité de vaincre, ces personnes en partageant leurs histoires offrent une aide aux victimes du cancer et à leurs familles. Celles qui récupèrent d'une maladie grave ou d'un accident sérieux trouveront aussi soulagement dans ces histoires chaleureuses. *Bouillon de poulet pour l'âme du survivant* est un puissant tonique pour une guérison physique et spirituelle.

IE

Auteurs # 1 des best-sellers du New York Times

FORMAT 15 X 23 CM
304 PAGES
ISBN 2-89092-254-5
21,95 $

Mark Victor Hansen et Jack Canfield
sont des conférenciers qui consacrent leur vie à favoriser le développement des autres.

Marty Becker, d.m.v.
est conférencier en médecine vétérinaire.

Carol Kline
est codirectrice du programme Dog Rescue *du Noah's Ark Animal Foundation, une ressource pour le secours et la protection des animaux.*

Traduit par:
Fernand A. Leclerc et Lise B. Payette

Bouillon de poulet pour l'âme de l'ami des bêtes

Des histoires de bêtes qui enseignent, qui guérissent, qui sont des héros et des amis

Les bêtes touchent notre âme, nous font sourire et font ressortir en nous la bonté, l'humanité et l'optimisme. Par leur remarquable partage des rapports humains/animaux, ces histoires inspirées démontrent qu'il arrive souvent que nos plus grands héros, nos guérisseurs et professeurs portent poils ou plumes ou ont quatre pattes.

Dans des chapitres sur les animaux étonnants, sur l'amour, la compagnie et les adieux, chaque page immortalise les liens vivifiants qui unissent les animaux et les gens: par exemple, un chien guide qui permet aux patients malades de voir les belles choses de la vie, une femme qui ouvre son cœur et son foyer à un chien dont personne ne veut, un chaton blessé qui redonne le goût de vivre à une femme découragée, et plusieurs autres histoires vraies qui racontent l'amour, la loyauté et les pouvoirs curatifs des animaux. Tout foyer où on aime les bêtes ne peut se passer de *Bouillon de poulet pour l'âme de l'ami des bêtes*, pas plus que de biscuits pour chiens ou d'herbe à chat.

IE

Auteurs # 1 des best-sellers du New York Times

PRINTEMPS 2000

FORMAT 15 X 23 CM
336 PAGES (APPROX.)
ISBN 2-89092-256-1

Mark Victor Hansen et
Jack Canfield
sont des conférenciers qui consacrent leur vie à favoriser le développement des autres, tant sur le plan personnel que professionnel.

Jeff Aubery,
un fervent du golf, engagé dans l'industrie du golf depuis plus de vingt ans.

Mark & Chrissy Donnelly,
coauteurs de Bouillon de poulet pour l'âme d'un couple.

Traduit par:
Fernand A. Leclerc et
Lise B. Payette

Bouillon de poulet pour l'âme des golfeurs

Des histoires de perspicacité, d'inspiration et de rire sur les parcours

Des histoires pour les millions de golfeurs, passionnés ou novices.

Bouillon de poulet pour l'âme des golfeurs est le cadeau idéal pour tous les fervents du golf, que leurs coups de départ s'immobilisent dans la fosse de sable ou sur le vert.

Ces histoires inspirantes de professionnels, de caddies et de golfeurs amateurs partagent les moments mémorables du jeu lorsque, contre toute attente, un coup impossible tombe en parfaite position, ou lorsqu'une partie de golf devient une leçon de vie.

Les chapitres portent sur: l'esprit sportif, la famille, surmonter les obstacles, parfaire son jeu et le dix-neuvième trou. C'est une belle lecture pour tout golfeur, quel que soit son handicap.

IE

Auteurs # 1 des best-sellers du New York Times

AUTOMNE 2000

FORMAT 15 X 23 CM
288 PAGES (APPROX.)
ISBN 2-89092-

Mark Victor Hansen et
Jack Canfield
sont des conférenciers qui consacrent leur vie à favoriser le développe-ment des autres.

Mark & Chrissy Donnelly,
mari et femme, sont égale-ment coauteurs de Bouillon de poulet pour l'âme des golfeurs.

Barbara De Angelis, ph.d.
est l'auteure de neuf livres à grand succès, personna-lité populaire de télévi-sion, motivatrice, experte en relations humaines et en croissance personnelle.

Bouillon de poulet pour l'âme d'un couple

Des histoires inspirantes sur l'amour et la relation

Pour tous ceux qui ont déjà été en amour...

Histoires d'amour intimes, inspirantes et vraies, elles rendent hommage à l'art des amoureux de résister continuellement aux effets de la distance, des difficultés et même à ceux de la mort. Vous serez émus et inspirés à la lecture des secrets de ces cou-ples à trouver et conserver l'amour.

Chaque histoire qui nous vient du cœur nous montre la place déterminée de l'amour entre les tendres débuts et l'intime intensité de l'amour jusqu'à la maîtrise des défis et du temps des départs. Quelques histoires vous aideront à renouveler la passion dans votre couple; d'autres vous feront apprécier com-ment vous avez grandi par l'amour; et d'autres qui, même si l'amour nous remet en question et nous touche de façon unique, nous rassurent en nous montrant que nous ne sommes pas seuls à vivre ces expériences.

Le *Bouillon de poulet pour l'âme d'un cou-ple* s'adresse à tous ceux qui ont été, qui sont ou qui espèrent être en amour. Ces histoires vous laisseront une marque indélébile dans votre cœur et vous inspireront à vivre une vie remplie de joie, d'espérance et de gratitude.

IE

Auteurs # 1 des best-sellers du New York Times

FORMAT 10,5 X 17,5 CM
216 PAGES
ISBN 2-89092-251-0
13,95 $

Mark Victor Hansen
est un des plus grands communicateurs et motivateurs au monde.

Jack Canfield
est président de Self-Esteem Seminars *et de la* Self-Esteem Foundation, *en Californie.*

Patty Hansen,
la femme de Mark, travaille comme directrice des finances et médiatrice chez Mark Victor Hansen and Associates.

Traduit par:
Denis Ouellet, Claire Stein, Annie Desbiens et Miville Boudreault

Un concentré de Bouillon de poulet pour l'âme

Petit recueil des histoires favorites des auteurs

Voici une édition spéciale de *Bouillon de poulet pour l'âme.* Vous y trouverez les histoires favorites des auteurs des trois premiers volumes de la série, soit *Un 1er bol de Bouillon de poulet pour l'âme, Un 2e bol de Bouillon de poulet pour l'âme* et *Un 3e bol de Bouillon de poulet pour l'âme.*

Présentée en format de poche pratique, cette anthologie revigorante sera en tout temps un compagnon idéal et une source de réconfort, tant pour ceux qui découvrent le pouvoir apaisant de *Bouillon de poulet* pour la première fois que pour les initiés de la série qui désirent relire les histoires qui les ont le plus touchés.

Une source d'inspiration et de croissance personnelle, un cadeau idéal.

NOUVELLE PRÉSENTATION
FORMAT POCHE

IE

Auteurs # 1 des best-sellers du New York Times

FORMAT 10,5 x 17,5 cm
192 PAGES
ISBN 2-89092-245-6
12,95 $

Mark Victor Hansen
est un des plus grands communicateurs et motivateurs au monde.

Jack Canfield
est président de Self-Esteem Seminars *et de la* Self-Esteem Foundation.

Barry Spilchuk,
surnommé le «Dale Carnegie» *du Canada, est un conférencier et un formateur qui a pour objectif de pousser les autres à insuffler plus d'amour dans leur vie.*

Traduit par:
Annie Desbiens et
Miville Boudreault

Une tasse de Bouillon de poulet pour l'âme

Histoires inédites

Parfois, nous avons uniquement le temps de prendre une tasse de bouillon. C'est pourquoi Jack Canfield, Mark Victor Hansen et Barry Spilchuk vous offrent ce recueil de nouvelles histoires à savourer en portions individuelles. Ainsi, dans vos moments libres, vous pouvez maintenant savourer un *Bouillon de poulet pour l'âme* tout chaud.

Cette *Tasse de bouillon de poulet pour l'âme* est le cadeau idéal à offrir à ceux et celles qui ont aimé les premiers *Bouillon de poulet pour l'âme*. Les gens d'affaires pressés, les jeunes en quête d'inspiration ou tous ceux et celles qui ont besoin d'un «petit remontant» l'apprécieront.

Savourez *Une tasse de Bouillon de poulet pour l'âme* et partagez-en les bienfaits avec vos proches.

FORMAT POCHE

IE

Auteurs # 1 des best-sellers du New York Times

SÉRIE
BOUILLON DE POULET POUR L'ÂME

PUBLICATIONS RÉCENTES
Un **1er bol** de Bouillon de poulet pour l'âme (1997)
Un **2e bol** de Bouillon de poulet pour l'âme (1996)
Un **3e bol** de Bouillon de poulet pour l'âme (1997)
Bouillon de poulet pour l'âme de la **femme** (1997)
Un **concentré** de Bouillon de poulet pour l'âme (1998)
Bouillon de poulet pour l'âme des **ados** (1998)
Bouillon de poulet pour l'âme d'une **mère** (1998)
Bouillon de poulet pour l'âme des **chrétiens** (1999)
Une **tasse** de Bouillon de poulet pour l'âme (1999)
Bouillon de poulet pour l'âme au **travail** (1999)
Bouillon de poulet pour l'âme de **l'ami des bêtes** (1999)

PROCHAINES PARUTIONS
Un **4e bol** de Bouillon de poulet pour l'âme (2000)
Bouillon de poulet pour l'âme de **l'enfant** (2000)
Bouillon de poulet pour l'âme du **survivant** (2000)
Bouillon de poulet pour l'âme des **golfeurs** (2000)
Un **5e bol** de Bouillon de poulet pour l'âme (2000)
Bouillon de poulet pour l'âme d'un **couple** (2000)

PROJETS
Bouillon de poulet pour l'âme des **célibataires**
Bouillon de poulet pour l'âme des **familles chrétiennes**
Bouillon de poulet pour l'âme de **l'ami des chats et des chiens**
Un **6e bol** de Bouillon de poulet pour l'âme
Un **2e bol** de Bouillon de poulet pour l'âme de la **femme**
Un **2e bol** de Bouillon de poulet pour l'âme des **ados**

RECOUVRANCE
(RECOVERY)

ÉTÉ 2000

FORMAT 14 x 21,5 CM
320 PAGES (APPROX.)
ISBN 2-89092-

Melody Beattie,
alcoolique et toxicomane réhabilitée, maintenant écrivaine à temps plein, est l'auteure de plusieurs best-sellers aux États-Unis dans le domaine de la «recouvrance».

Agir avec son cœur

Plus que tout, prenez soin de vous

L'auteure à succès Melody Beattie a fait une remarquable recherche du juste milieu, d'une frontière saine qui se situe entre la peur d'une relation et l'enchevêtrement dans une relation.

Lors de la publication de *Vaincre la codépendance*, les concepts que sous-tendait la codépendance étaient révolutionnaires. Depuis, des millions de personnes ont confronté les démons de leurs relations codépendantes dont les conséquences sont subtiles et envahissantes. C'est pourquoi beaucoup de gens en cours de recouvrance retombent encore dans leurs anciens comportements.

Dans son tout nouveau livre, Beattie aide les lecteurs à comprendre que la peur est le dénominateur commun qui conduit les codépendants à retomber dans leurs comportements de contrôleurs ou de victimes. Par son ton compatissant et sa perspicacité qui ont fait sa renommée, *Agir avec son cœur* nous montre comment trouver un juste équilibre entre ces deux polarités de nos relations, soit la peur de faire confiance et l'enchevêtrement total avec l'être aimé.

EE

Vers une croissance spirituelle

COLLECTION
HAZELDEN/MÉDITATION
FORMAT 14 x 21,5 CM
416 PAGES
ISBN 2-89092-195-6
24,95 $

Melody Beattie,
alcoolique et toxicomane
réhabilitée, maintenant
écrivaine à temps plein, est
l'auteure de plusieurs
best-sellers aux États-Unis
dans le domaine de la
«recouvrance».

Traduit par:
Claire Stein

Savoir lâcher prise

« Un livre unique »
de méditations quotidiennes

L'auteure revient aux éléments essentiels du cheminement pour vaincre la codépendance – nous permettre de ressentir toutes nos émotions, accepter notre impuissance et nous approprier notre pouvoir. Dans *Savoir lâcher prise*, Melody Beattie met l'accent sur la nécessité de porter toute notre attention sur les principes de la recouvrance.

Un livre de méditations pour vous aider à prendre un moment chaque jour pour vous rappeler ce que vous savez tous : chaque jour nous apporte une possibilité de grandir et de se renouveler.

L'auteure nous rappelle que les problèmes sont faits pour être résolus et que la meilleure chose que nous pouvons faire est d'assumer la responsabilité de notre souffrance et de notre préoccupation de soi.

EE

Un livre Hazelden

COLLECTION
HAZELDEN/CHEMINEMENT
FORMAT 14 X 21,5 CM
312 PAGES
ISBN 2-89092-115-8
24,95 $

Melody Beattie,
alcoolique et toxicomane
réhabilitée, maintenant
écrivaine à temps plein, est
l'auteure de plusieurs
best-sellers aux États-Unis
dans le domaine de la
«recouvrance».

Traduit par:
Hélène Collon

Vaincre la codépendance

Ce livre vous rend la liberté

Le classique incontestable des livres de croissance personnelle. Comment cesser de voler au secours des autres en leur sacrifiant votre propre épanouissement. Un outil indispensable pour acquérir une compréhension de la codépendance, pour changer notre comportement et pour avoir une attitude nouvelle envers soi-même et envers les autres.

L'édition originale, *Codependent No More,* a été inscrite sur la liste des best-sellers de *Publishers Weekly* durant plus de 24 mois et sur la liste des best-sellers du *New York Times* durant plus de 4 ans.

PLUS DE 3 MILLIONS D'EXEMPLAIRES VENDUS EN 7 LANGUES

EE

Un livre Hazelden

Au-delà de la codépendance

Comment se refaire une vie nouvelle et riche

L'histoire incroyable de Melody Beattie et de son propre cheminement pour se bâtir une vie nouvelle.

COLLECTION
HAZELDEN/CHEMINEMENT
FORMAT 14 x 21,5 CM
328 PAGES
ISBN 2-89092-161-1
24,95 $

Melody Beattie,
alcoolique et toxicomane
réhabilitée, maintenant
écrivaine à temps plein, est
l'auteure de plusieurs
best-sellers aux États-Unis
dans le domaine de la
«recouvrance».

Traduit par:
Claire Stein

Dans son premier best-seller *Vaincre la codépendance*, l'auteure a présenté les modèles de comportement autodestructeurs de la codépendance et a esquissé les principes de la préoccupation de soi. Ici, elle pousse au-delà de la compréhension pour explorer la dynamique d'un rétablissement sain, le rôle que joue le recyclage comme rouage normal de la recouvrance, l'importance des affirmations positives pour contrer les messages négatifs, et beaucoup plus encore.

Cet ouvrage est offert à tous ceux qui ont fait quelques pas dans leur cheminement pour vaincre la codépendance, à ceux qui ne veulent pas seulement survivre, à ceux chez qui la douleur a cessé et qui commencent à avoir le sentiment qu'ils ont une vie à vivre.

EE

Un livre Hazelden

COLLECTION
HAZELDEN/MÉDITATION
FORMAT 14 x 21,5 CM
328 PAGES
ISBN 2-89092-226-X
22,95 $

Anonyme

Traduit par:
Annie Desbiens et
Miville Boudreault

Pierres de touche

Méditations quotidiennes
à l'intention des hommes

Les hommes qui désirent parvenir à la sérénité ou qui souhaitent préserver leur équilibre émotionnel et spirituel trouveront dans *Pierres de touche* le soutien quotidien dont ils ont besoin: 366 textes de méditation fondés sur les *Douze Étapes*, soit un texte pour chaque jour de l'année.

Ces textes de méditation explorent les différents rôles masculins, ceux d'amant ou d'époux, ceux de père ou d'ami. Chaque texte est précédé d'une citation et suivi d'une pensée du jour. La citation touche le sujet abordé dans le texte, par exemple les rapports intimes, la solitude ou la spiritualité.

Les citations proviennent de divers auteurs dont Shakespeare, Baudelaire, Aristote, Nietzche, Woody Allen, Antoine de Saint-Exupéry, Jacques-Yves Cousteau, Albert Camus, Oscar Wilde, Erich Fromm, Malcolm X et Bob Dylan pour n'en nommer que quelques-uns. Quant à la pensée du jour, elle vise *«à mettre en lumière de nouvelles possibilités et à vous insuffler la force de poursuivre votre cheminement».*

« LES MOTS QU'ON ME DIT OU QUE JE LIS SONT POUR MOI UN CONTACT EN PRISE DIRECTE. CE CONTACT ME SORT DE MA CONFUSION; IL EST COMME UN PHARE QUI M'ÉCLAIRE ET M'AIDE À RETROUVER MON CHEMIN. »

EE

Un livre Hazelden

COLLECTION
HAZELDEN/MÉDITATION
FORMAT 13 X 18 CM
400 PAGES
ISBN 2-89092-156-5
17,95 $

Karen Casey
est l'auteure et la coauteure des meilleurs vendeurs de méditation Hazelden.

Traduit par:
Claire Stein

Chaque jour un nouveau départ

Méditations quotidiennes à l'intention des femmes

Chaque jour un nouveau départ présente 366 méditations quotidiennes qui puisent aux expériences communes, aux luttes partagées et aux forces uniques des femmes — particulièrement celles qui cherchent le soutien et la croissance spirituelle dans les *Douze Étapes*, un programme de cheminement pour se rétablir d'une dépendance chimique et émotionnelle.

Dans *Chaque jour un nouveau départ,* un livre conçu *«pour vous rendre la vie plus facile, pour vous donner espoir lorsque tout semble perdu»*, l'auteure joint des réflexions nourrissantes à des citations pleines d'humour et de sagesse pour stimuler l'espoir, l'estime de soi et le courage.

PLUS DE **2** MILLIONS
D'EXEMPLAIRES VENDUS
EN PLUSIEURS LANGUES

EE

Un livre Hazelden

Collection
Hazelden/Méditation
Format 10,5 x 18 cm
128 pages
ISBN 2-89092-215-4
9,95 $

Karen Casey
est l'auteure et la coauteure des meilleurs vendeurs de méditation Hazelden: Chaque jour un nouveau départ *et* The Promise of a New Day (La promesse d'un jour nouveau).

Illustré par:
David Spohn

Traduit par:
Claire Stein

Digne d'amour

Méditations
sur l'amour de soi
et des autres

Dans ce recueil de méditations hebdomadaires, l'auteure, Karen Casey, explore avec sensibilité les défis et les nouveaux horizons qu'offre l'amour sous toutes ses formes. L'amour que nous donnons aux amis, aux membres de notre famille, à soi-même, à notre conjoint et même aux étrangers.

Digne d'amour est une célébration de la vie pour tous ceux qui ont dû lutter pour apprendre à donner et à recevoir l'amour.

EE

Un livre Hazelden

COLLECTION
HAZELDEN/MÉDITATION
FORMAT 13 X 18 CM
416 PAGES
ISBN 2-89092-184-0
16,95 $

Anonyme

*Traduction approuvée
par Hazelden*

ÉDITION DU
40E ANNIVERSAIRE

*Vingt-quatre heures
à la fois*

Méditations quotidiennes
à l'intention des
Alcooliques anonymes

Depuis plus de 40 ans, le livre *Vingt-quatre heures à la fois* aide les alcooliques et autres personnes en recouvrance de dépendances à développer une base spirituelle solide afin de demeurer abstinents, une journée à la fois.

En présentant une pensée inspirante, une méditation et une prière pour chaque jour de l'année, ce livre vous aidera à découvrir le pouvoir de la spiritualité dans votre vie et dans la poursuite de votre programme Douze Étapes.

De plus, cette édition du 40e anniversaire du livre *Vingt-quatre heures à la fois* est enrichie de l'histoire de son auteur, Rich W., et de témoignages de quelques-uns des milliers de lecteurs qui ont expérimenté la force de cet ouvrage dans leur propre rétablissement.

PLUS DE 8 MILLIONS
D'EXEMPLAIRES VENDUS
EN 8 LANGUES

EE

Un livre Hazelden

Collection
Hazelden/Cheminement
Format 14 x 21,5 cm
176 pages
isbn 2-89092-166-2
16,95 $

Joe Klaas
est l'auteur de 7 volumes
en anglais et de 2 volumes
en hollandais. Il a été
invité à des douzaines
d'émissions télévisées et a
dirigé des séminaires pour
des conseillers, des psy-
chothérapeutes, des méde-
cins et des patients, d'un
océan à l'autre.

Traduit par:
Claude Herdhuin

Douze Étapes vers le bonheur

Les Douze Étapes révisées et enrichies

Dans cette édition enrichie, l'auteur décortique le langage de chaque Étape. Chaque chapitre contient une idée explosive qui nous invite à explorer la véritable signification de l'Étape et à réfléchir aux conséquences qu'elle aura sur notre vie.

Un livre pratique pour comprendre et progresser dans les programmes en Douze Étapes pour les alcooliques, les codépendants, les outre-mangeurs, etc. Un livre pour tous ceux d'entre nous qui, simplement, aspirent à suivre un chemin plus sain dans un monde de plus en plus chaotique.

Un guide pour comprendre et travailler les programmes

EE

Un livre Hazelden

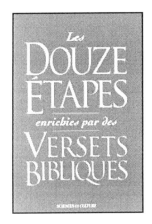

Format 15 x 23 cm
272 pages
ISBN 2-89092-202-2
22,95 $

Collectif
Amis en recouvrance

Traduit par :
Adélard Faubert, f.s.g.

Les Douze Étapes enrichies par des versets bibliques

Édition révisée

Les Douze Étapes enrichies par des versets bibliques est une puissante ressource pour fusionner la sagesse pratique des Douze Étapes avec les vérités spirituelles de la Bible.

Les auteurs ont une compréhension théorique et personnelle des *Douze Étapes*, grâce à leurs propres cheminements en recouvrance.

Ce livre contient des éléments qui enrichissent les *Douze Étapes*, un outil déjà fort efficace. Parmi ces outils, mentionnons:
- des idées pour choisir et travailler en collaboration avec un partenaire en recouvrance;
- des vues d'ensemble des Étapes pour aider à comprendre, mettre en œuvre et préparer chaque Étape;
- des suggestions utiles pour aider le lecteur dans les domaines de la prière, de la méditation et de l'étude de la Bible;
- des idées maîtresses à chaque Étape pour renforcer les notions centrales.

EE

Chemin spirituel de la recouvrance

FORMAT 10,5 x 18 CM
192 PAGES
ISBN 2-89092-199-9
13,95 $

Anonyme

*Traduction approuvée
par Hazelden*

Petit livre rouge

pour les AA

Conçu au départ à l'intention des débutants dans le mouvement des Alcooliques anonymes, le *Petit livre rouge* est rapidement devenu l'un des guides le plus utilisé et le plus apprécié dans l'étude du Gros Livre des AA.

À ceux qui font leurs premiers pas dans la recouvrance ou qui désirent approfondir la signification des Douze Étapes, le *Petit livre rouge* ouvre de nouvelles perspectives sur la mise en œuvre de leur programme, le parrainage, la spiritualité et plus encore.

Il apporte support, encouragement et sagesse dans la poursuite de la paix de l'esprit et de l'abstinence.

EE

Un livre Hazelden

FORMAT 10,5 x 18 CM
160 PAGES
ISBN 2-89092-200-6
13,95 $

Anonyme

*Traduction approuvée
par Hazelden*

UN CLASSIQUE

DEPUIS PLUS DE

25 ANS

Tabourets et bouteilles

Étude des défauts de caractère
31 méditations quotidiennes

L'image d'un tabouret à 3 pieds auquel il manquerait un pied est souvent utilisée pour représenter un alcoolique actif. Il est incomplet et instable. En voie de rétablissement, nous avons besoin de toutes nos facultés, physiques, mentales et émotionnelles, pour nous supporter et nous permettre de demeurer abstinents.

Ce petit livre *Tabourets et bouteilles* aborde à l'aide de 31 méditations quotidiennes les problèmes fréquemment rencontrés par les personnes en voie de rétablissement et leur rappelle l'importance d'adopter dans leur vie les principes d'un programme Douze Étapes.

EE

Un livre Hazelden

Ma tête veut ma peau

Humour et sagesse
dans le rétablissement

Dr Ron B. désire partager avec vous sa collection de 526 «**perles de sagesse**» et d'humour.

Extraits de la préface de Dr Ron B. :

FORMAT 16,5 X 11,5 CM
176 PAGES
ISBN 2-89092-206-5
9,95 $

Compilé et rédigé par
Dr Ron B.

« ... Au début de mon rétablissement, j'ai assisté à une réunion où l'animatrice nous a demandé de partager notre slogan préféré... J'ai été étonné par ce que j'ai entendu et j'ai demandé avec insistance si ces slogans avaient été publiés afin de m'en procurer un exemplaire. En autant que je sache, à cette époque et même encore aujourd'hui, la plupart n'ont pas été compilés.

«Je me suis donc muni d'un calepin, qui ne me quittait jamais, pour noter ces **perles de sagesse** *qu'on entendait lors des réunions...*

«J'ai découvert que j'étais plus attentif aux réunions. À chaque fois, la riche tradition orale des dictons et des slogans AA m'était révélée. Ces dictons résument bien la route spirituelle qui mène au rétablissement: ils prennent la forme de courtes observations et de courts principes, souvent profonds et parfois humoristiques, concernant ce qui est requis pour devenir et demeurer abstinent...»

EE

Un livre Hazelden

La confusion... un état de grâce !

Humour et sagesse pour les familles en rétablissement

FORMAT 16,5 X 11,5 CM
192 PAGES
ISBN 2-89092-207-3
9,95 $

Écrit et recueilli par
Barbara F.

Ce livre contient à la fois des citations populaires et d'autres moins connues qui pourront encourager et soutenir les familles en cours de rétablissement.

L'auteure a participé à des centaines de réunions des Al-Anon et à des centaines de discussions avec des hommes et des femmes qui ont accepté de partager leur bonheur, leur vérité et leurs victoires. Progressivement, elle a recueilli et écrit près de 500 slogans de base et aphorismes qu'elle accepte de partager avec vous.

«En cas de confusion, s'en tenir à l'essentiel.»

PRÈS DE 500 DICTONS
ET SLOGANS

EE

Un livre Hazelden

COLLECTION
HAZELDEN/CHEMINEMENT
FORMAT 14 x 21,5 CM
312 PAGES
ISBN 2-89092-223-5
24,95 $

Veronica Ray
est une écrivaine à la pige
qui vit à Minneapolis.
Elle a écrit de nombreux
ouvrages chez Hazelden
Educational Materials.

Traduit par:
Claire Stein

Choisir
d'être heureux

L'art de vivre sans réserve

«J'avais l'habitude de vivre dans un flot d'émotions telles des montagnes russes, et mes états d'âme étaient intimement liés aux événements de ma vie. Je me serais volontiers moquée de quiconque m'aurait affirmé que j'avais le choix d'être heureuse...

«Mais depuis, j'ai appris que nous avons toujours le pouvoir de choisir entre deux points de vue fondamentaux. L'un perpétue nos croyances, nos attitudes et nos comportements défaitistes, alors que l'autre nous aide à les voir, à les comprendre pour enfin lâcher prise.»

- VERONICA RAY

De quoi avez-vous besoin pour être heureux? Vous dites-vous: *Je serai heureux quand...* ou *Je pourrais être heureux si...*? Veronica Ray vous aide à choisir d'être heureux et à voir avec les yeux d'un cœur aimant plutôt qu'avec un ego sur la défensive. Vous y découvrirez de nouvelles façons de revoir des situations passées et ainsi tourner positivement les événements de votre vie.

EE

Un livre Hazelden

COLLECTION
HAZELDEN/CHEMINEMENT
FORMAT 14 x 21,5 CM
302 PAGES
ISBN 2-89092-123-9
24,95 $

Jean Illsley Clarke
est une éducatrice qui aide les gens à devenir de meilleurs parents en mettant en pratique les principes concernant l'estime de soi.

Connie Dawson
travaille avec des professionnels qui cherchent à améliorer leurs connaissances pour répondre aux besoins des enfants d'alcooliques devenus adultes et des adolescents à haut risque.

Traduit par:
Agathe de Launay

Grandir avec ses enfants

S'éduquer soi-même pour mieux éduquer ses enfants

Voici un livre de travail, unique en son genre, pour les parents qui veulent réussir l'éducation de leurs enfants. Nous vivons tous des périodes de doute en ce qui concerne notre capacité de donner à nos enfants une éducation et un amour adéquat. *Grandir avec ses enfants* fournit à tous les parents un *guide* inestimable dans l'art d'être parent.

En utilisant ce *guide*, les parents font plus qu'éduquer leurs enfants: ils apprennent à se connaître en découvrant ce qui leur a manqué durant leur enfance et en évitant de répéter les erreurs commises par leurs propres parents. À travers les tableaux, les exercices pratiques et les tests interactifs, vous découvrirez les effets du comportement des parents sur leurs enfants. Vous trouverez des directives très utiles pour l'implantation de structures et de discipline, en établissant des limites et en témoignant de l'amour.

«Grandir avec ses enfants est un ouvrage dont on avait un besoin vital. Rééduquer notre enfant intérieur, c'est la préoccupation de l'heure. Nous avons besoin d'apprendre à être parent — surtout si nous avons reçu nous-même une pauvre éducation.»

- JOHN BRADSHAW
EE

Un livre Hazelden

COLLECTION
HAZELDEN/CHEMINEMENT
FORMAT 14 x 21,5 CM
264 PAGES
ISBN 2-89092-120-4
24,95 $

Judi Hollis,
Ph.D. Psychologie, dirige
les Instituts Hope de Los
Angeles *qui ont traité des*
milliers de familles intoxi-
quées. Elle-même man-
geuse compulsive réhabi-
litée, elle a expérimenté
avec succès une méthode
qui permet à tous les
drogués de la nourriture et
à leurs codépendants de
se «désintoxiquer».

Traduit par:
Sophie Barets

Maigrir,
une affaire de famille

**Triompher de l'obsession
de manger en échappant
aux contraintes familiales
et en expliquant à d'autres
ses problèmes
pour mieux les résoudre**

Vous aimez manger? Trop manger? Vous êtes obsédés par votre poids et, pourtant, vous ne parvenez pas à maigrir? Quand la nourriture devient une compensation, un soutien, un refuge, elle agit sur vous comme une «drogue». Maigrir, c'est-à-dire se désintoxiquer, devient alors une nécessité.

Un guide plein d'espoir pour ceux qui souffrent de désordres nutritionnels et pour ceux qui les aiment. Vous devrez accepter le fait de souffrir d'une maladie incurable et chronique dont la rémission repose seulement sur un changement de personnalité. Pour en finir avec votre histoire d'amour pour la nourriture, il vous faut apprendre à aimer et à vous faire aimer autrement.

**UN GUIDE PLEIN D'ESPOIR
POUR CEUX QUI SOUFFRENT
DE DÉSORDRES NUTRITIONNELS
ET POUR CEUX QUI LES AIMENT.**

EE

Un livre Hazelden

COLLECTION
HAZELDEN/CHEMINEMENT
FORMAT 14 X 21,5 CM
320 PAGES
ISBN 2-89092-135-2
24,95 $

Ronald Potter-Efron,
psychothérapeute clini-
cien, se spécialise dans le
traitement des désordres
relatifs à l'addiction et il
s'intéresse au traitement
de la colère et du ressen-
timent.

Patricia Potter-Efron,
thérapeute en milieu fami-
lial, utilise une approche
systémique. Elle travaille
principalement auprès de
familles affectées par la
dépendance chimique.

Traduit par:
Jacques R. Gagné

Apprivoiser sa honte

Pour retrouver un sentiment
juste de soi-même

Un regard pénétrant dans l'univers caché de la honte. *Apprivoiser sa honte* nous apprend qu'éprouver de la honte n'est ni toujours bon ni toujours mauvais. *Apprivoiser sa honte*, c'est prendre conscience de cette force positive cachée en nous qui, au lieu de nous détruire, peut nous faire découvrir toute notre valeur.

Les auteurs nous font explorer les faces cachées de la honte : ses sources biologiques, psychologiques et culturelles.

Ce livre sera un bon guide pour ceux qui veulent se libérer de divers comportements compulsifs, de dépendances chimiques, ou se guérir de blessures subies pendant leur enfance. Les professionnels y trouveront une source abondante d'informations des plus utiles.

EE

Un livre Hazelden

FORMAT 14 X 21,5 CM
224 PAGES
ISBN 2-89092-244-8
2E ÉDITION
19,95 $

Gayle Rosellini,
Mark Worden

Traduit et préfacé par:
Suzie Rochefort,
psychologue

La colère et vous

Un guide pour mieux composer avec les émotions issues de l'abus de substances

Bien que nous n'aimions pas l'admettre, nous nous mettons tous en colère. Elle est une émotion humaine, normale et saine. Cependant, apprendre à la reconnaître et à l'exprimer de façon appropriée est une autre histoire.

Cette édition enseigne comment travailler sur elle d'une façon positive et efficace. Cette approche rend plus facile les problèmes et les défis plutôt que de les exacerber. Elle amène les lecteurs à découvrir la source de leur colère ainsi que ses formes.

Les auteurs explorent divers styles de colère et apportent des lignes directrices claires et sensées pour l'exprimer, surmonter ses «idées préconçues» et «confronter sans rancune». Leurs exemples tirés du quotidien, leurs conseils terre-à-terre pour transiger sans peur et sans culpabilité avec la colère offrent un moyen pour passer à travers l'un des pièges les plus dangereux des débuts de la recouvrance.

Ce livre s'adresse à tous ceux qui sont aux prises avec leurs propres dépendances. Il sera utile également pour toute personne qui aime, ou a aimé, quelqu'un souffrant de dépendance chimique ou d'un autre type. Il servira aussi à l'ami qui souffre de la perte de contrôle de quelqu'un d'autre.

EE

Un livre Hazelden

AUTOMNE 1999

FORMAT 14 x 21,5 CM
288 PAGES
ISBN 2-89092-249-9

Anne Katherine, m.a.,
auteure, conférencière et
thérapeute, elle fait car-
rière à Seattle, dans l'État
de Washington. Elle est la
fondatrice et directrice de
Healing The Hungry Heart,
ainsi que de l'Associated
Recovery Therapists*, un*
organisme où l'on traite
divers problèmes d'addic-
tion. Elle est l'auteure de
Anatomy of a Food Addic-
tion.

Traduit et préfacé par:
Suzie Rochefort,
psychologue

Les frontières humaines

Délimiter son espace vital.
Comment reconnaître et établir
des frontières saines

Il est des violations de frontières qui sautent aux yeux; d'autres par contre sont beaucoup plus subtiles. Par exemple, votre patron demande s'il peut vous faire l'accolade; au moment de vous quitter, votre nouveau voisin glisse sa main le long de votre dos; le président de l'entreprise pour laquelle vous travaillez vous invite à lui révéler certains détails de votre vie intime. Si, à la suite d'une réunion, d'une conversation ou d'une rencontre, il vous est arrivé d'avoir l'impression que l'on vous a manqué de respect, ce livre vous aidera à définir clairement vos frontières.

Votre état de santé émotionnelle est propor-
tionnel à l'état de santé de vos frontières.

Les frontières aident à mettre de l'ordre dans sa vie. Elles renforcent les liens que nous entretenons avec nous-mêmes et avec autrui. Elles sont essentielles pour la santé du corps et de l'esprit. Le vécu des personnes qui témoignent dans ce livre illustre les effets destructeurs que subissent ceux qui ne savent pas affirmer leurs limites; il montre les avantages que l'on trouve à protéger ses propres frontières et à respecter celles d'autrui.

«Bien clôturer pour bien voisiner. »
- ROBERT FROST

EE

Un livre Hazelden

PRINTEMPS 2000

FORMAT 14 X 21,5 CM
160 PAGES (APPROX.)
ISBN 2-89092-258-8

Craig Nakken

est auteur, conférencier, formateur et thérapeute familial se spécialisant dans le traitement de la dépendance. Avec plus de vingt ans d'expérience dans le domaine de la dépendance et de la recouvrance, Nakken a son cabinet privé en thérapie à Saint-Paul, Minnesota.

*Traduit par:
Suzie Rochefort,
psychologue*

La personnalité addictive

(Titre provisoire)

Comprendre le processus addictif et le comportement compulsif

Depuis sa publication en 1988, *La personnalité addictive*, par sa description forte et poignante du processus de l'addiction — les causes, les étapes du développement et les conséquences — a aidé des milliers de personnes à mieux comprendre la profondeur et les dimensions d'une des plus étendues et des plus coûteuses maladies frappant notre société aujourd'hui.

Allant au-delà d'une première définition qui limitait l'addiction principalement au domaine de l'alcool et des autres drogues, l'auteur Craig Nakken découvre le dénominateur commun de toute addiction en même temps qu'il met en lumière l'isolement émotionnel, la honte et le désespoir dans lesquels vivent les personnes addictives. Il examine comment les addictions commencent et comment elles progressent, de même que la façon dont notre société encourage souvent le comportement addictif.

Dans cette seconde édition, Nakken raffine ces idées et inclut les plus récentes informations concernant la recouvrance, les facteurs génétiques de l'addiction, les questions de la santé mentale et les nouvelles découvertes de la recherche.

EE

Un livre Hazelden

FORMAT 15 X 23 CM
160 PAGES
ISBN 2-89092-219-7
16,95 $

Earnie Larsen
a écrit plus de 30 livres et a réalisé 15 programmes sur cassettes audio; il donne des conférences de renouveau personnel et de spiritualité; il dirige des ateliers et des séminaires au Minnesota.

Traduit et préfacé par:
Suzie Rochefort et Denise Turcotte, psychologues

Tirer profit de son passé familial

Croissance personnelle pour l'adulte qui a vécu dans une famille alcoolique ou dysfonctionnelle

L'auteur nous propose un outil de travail concret pour modifier les aspects de notre vie les plus en souffrance. Le travail thérapeutique proposé est une recherche sur la redécouverte de soi.

Ce volume comprend une démarche en cinq volets : Pourquoi je me sens ainsi? Pourquoi cela m'arrive toujours à moi? Ce que je répète, je le deviens; Si je ne change pas, rien ne change; Maintenant, qu'est-ce que vous allez faire?

Cette démarche:
- vise à identifier les comportements qui nous font souffrir;
- nous présente les objectifs du travail sur la famille d'origine ct un itinéraire, étape par étape, pour découvrir notre «héritage» familial;
- offre des moyens de faire un premier tri de notre héritage, les premiers pas vers une vie choisie plutôt que subie.

EE

Héritage familial

COLLECTION
HAZELDEN/CHEMINEMENT
FORMAT 14 x 21,5 CM
264 PAGES
ISBN 2-89092-193-X
24,95 $

Kate Williams

Traduit par:
Claire Stein

**UN MÉLANGE DE
CONFIDENCES ET DE
RECOMMANDATIONS
DES PLUS HEUREUX**

Dépression et suicide chez les jeunes
Guide pour les parents

**Comment reconnaître
si un enfant est en état de crise
et savoir quels gestes poser**

Que doit faire un parent lorsque son enfant décide que la vie est tellement pénible qu'elle ne vaut plus la peine d'être vécue?

Aussi difficile que soit cette question, c'en est une à laquelle trop de familles sont confrontées. L'auteure a écrit ce livre pour aider les parents à:

- reconnaître les signes d'un enfant en crise et trouver de l'aide immédiate et efficace,
- faire face aux problèmes des adolescents, y compris la dépression,
- affronter leurs propres sentiments de honte et d'insuffisance socio-affective,
- réagir aux répercussions de la dépression des adolescents sur tout le système familial, et
- créer une vie de famille gouvernable.

L'auteure fait un récit franc et honnête des années difficiles vécues avec sa propre fille de 13 ans, donne des conseils sur la façon de distinguer entre une rébellion typique et des signes avant-coureurs plus sérieux, et indique comment obtenir l'aide appropriée.

EE

Un livre Hazelden

FORMAT 14 x 21,5 CM
240 PAGES
ISBN 2-89092-194-8
19,95 $

Marion Crook,
infirmière en santé publi-
que, exerce depuis plus de
20 ans en technique
d'intervention.

Traduit par:
Claude Herdhuin

TOUTE LA VÉRITÉ

SUR UN SUJET TABOU

Suicide

Trente adolescents parlent de leurs tentatives

Parmi les jeunes interviewés, nombreux sont ceux qui ont pensé que Marion Crook était la seule personne à qui ils pouvaient se confier.

- Pourquoi essayer de se suicider
- Qui essaie de se suicider
- Que représente ma famille pour moi
- Que représentent mes amis pour moi
- Que pensent les gens
- Comment je fais face à une crise
- Jeux de rôles
- Éléments déclencheurs
- Pourquoi j'ai choisi le suicide
- Faire que le suicide ne soit PAS la réponse à mes problèmes
- Comment faire pour que la vie me paraisse meilleure
- Comment les autres peuvent-ils m'aider...

Ce livre exprime les sentiments et expériences de vie de ces trente adolescents qui ont essayé de se suicider. Il fournira aux lecteurs une sérieuse connaissance du suicide et leur fera accepter d'autres solutions que celle-ci.

Ce livre a été écrit pour aider les adolescents, leurs parents, les professeurs, les conseillers à parler ensemble du suicide, la deuxième cause de décès chez les adolescents.

EE

Pour les adolescents

TÉMOIGNAGE

ÉTÉ 2000

FORMAT 14 x 21,5 CM
232 PAGES (APPROX.)
ISBN 2-89092-

Joanne Baum, Ph.D.,
diplômée en travail social
de clinique, elle est con-
seillère en alcoolisme
dans sa clinique privée à
Evergreen, Colorado. Elle
s'engage dans une nou-
velle carrière de travail-
leuse sociale dans les
écoles. Elle vit avec sa
famille et écrit sur l'art
d'être parent dans le jour-
nal local. Elle travaille
dans le domaine de l'abus
de substances depuis
1981.

Marijuana,
il est temps de savoir
(Titre provisoire)

Dix usagers partagent
leurs histoires personnelles

L'usage de la marijuana a augmenté depuis quatre ans et constitue maintenant plus de 81% de la consommation des drogues illégales. Largement utilisée depuis trois décennies, elle a été louée et condamnée. Avec peu ou pas de recherches jusqu'à maintenant pour confirmer ou contester les mythes, les gens sont déroutés.

Dans ce livre, l'auteure révèle les dommages que la marijuana peut faire. Dix personnes racontent comment la marijuana a pris une force importante et négative dans leur vie. *«Il est très clair qu'à la suite de ces histoires, qui s'étalent de neuf mois à 15 ans de sobriété, la marijuana n'est pas une drogue inoffensive à être utilisée sans conséquences», dit Baum. «Ces usagers peuvent perdre plusieurs années de leur vie et ressentir des douleurs émotionnelles et mentales durant une longue période de temps.»*

Ces témoignages démontrent clairement comment le refus de reconnaître la nature insidieuse de la marijuana les a empêchés de vivre joyeusement et librement. Ils démontrent également leur succès et leur triomphe puisqu'ils vivent maintenant dans un environnement sans drogue et avec un programme de recouvrance qui fonctionne. EE

Pour savoir au sujet de la marijuana

FORMAT 14 x 21,5 CM
144 PAGES
ISBN 2-89092-180-8
14,95 $

Léon Robichaud
est prêtre, missionnaire. La mort, le deuil, le divorce sont au cœur de sa mission. Il donne des conférences à travers le Canada et organise des sessions de croissance spirituelle pour les personnes en recherche d'équilibre et d'absolu.

Ce que je crois, je le deviens

Pour voir clair dans ses dysfonctions : colère, inquiétude, insuccès, intolérance, jalousie, toxicomanie, apitoiement, deuil, ressentiment, etc.

Pour sortir de ses dysfonctions, l'honnêteté envers soi-même constitue l'outil de base et doit être pratiquée à chaque instant.

Un guide pratique pour retrouver l'estime de soi, pour sortir de sa culpabilité et de ses peurs.

La croissance humaine dure toute la vie, comme l'apprentissage de l'amour.

En lisant attentivement cet écrit, non comme un roman mais comme une prière, les lecteurs feront de leurs dysfonctions une expérience consacrée à l'équilibre spirituel.

EE

Sortir de ses dysfonctions

PRINTEMPS 2000

FORMAT 15 X 23 CM
312 PAGES (APPROX.)
ISBN 2-89092-261-8

Laurie Ashner
*est enseignante, théra-
peute, chroniqueuse au
magazine «Chicago Life»
et coauteure du livre
«When Parents Love Too
Much».*

Mitch Meyerson
*est psychothérapeute et
un expert dans le traite-
ment des relations dysfonc-
tionnelles et de l'estime de
soi déficiente. Il donne
fréquemment des conféren-
ces et dirige des sémi-
naires sur la croissance
personnelle. Il est coau-
teur du livre «When Par-
ents Love Too Much».*

Encore plus, jamais assez

(Titre provisoire)

Que faire si vous souffrez d'insatisfaction chronique

Encore plus, jamais assez est un guide perti-
nent qui nous montre comment transformer
l'insatisfaction chronique en un sentiment de
contentement et de plénitude par la
compréhension de soi.

À l'aide d'exemples saisissants, les auteurs
nous expliquent pourquoi certaines personnes sont plus vulnérables à cet état de per-
pétuel mécontentement et répondent aux
questions suivantes: *Pourquoi certains
individus obtiennent exactement ce qu'ils
croyaient vouloir, mais se sentent quand
même déçus? Pourquoi semble-t-il impossible à d'autres de trouver la carrière ou la
relation qui leur convienne? Pourquoi certains d'entre nous désirent la seule chose
qu'ils ne puissent jamais obtenir?*

*«Argumenté et convaincant... Du début à la
fin, dans ce livre accessible à tous, les
auteurs intègrent habilement théorie et
étude de cas, ce qui suscite un intérêt
soutenu... toutes les bibliothèques devraient
l'offrir.»*

- Library Journal

*«Une contribution exceptionnelle à la
croissance spirituelle et personnelle.»*
- Harold Bloomfield, m.d.
coauteur de «How to Heal Depression»

Un livre Hazelden

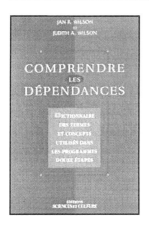

FORMAT 15 X 23 CM
480 PAGES
ISBN 2-89092-183-2
34,95 $

Jan R. Wilson
et Judith A. Wilson
sont des professionnels
spécialisés dans le trai-
tement de la dépendance
à Palm Beach, en Floride.

Traduit par:
Claude Herdhuin

UN PLAN LOGIQUE
POUR ÉTUDIER
MINUTIEUSEMENT
LA RECOUVRANCE

Comprendre les dépendances

Dictionnaire des termes et concepts utilisés dans les programmes Douze Étapes

Les premiers pas de la recouvrance (reco-very) peuvent être déroutants à cause de mots et de phrases inconnus, couramment utilisés dans les groupes de soutien.

Présenté par ordre alphabétique, ce livre aidera le lecteur à démystifier le langage de la recouvrance.

Cet ouvrage se caractérise par des **pistes**. Il s'agit de définitions regroupées par thèmes sur des sujets comme les **Types de dépendance**, les **Aspects émotifs de la dépendance**, la **Prévention de la rechute**, etc.

Comprendre les dépendances a été écrit spécialement pour les nouveaux venus dans un groupe Douze Étapes. Il traite des problèmes que doivent affronter les personnes souffrant d'alcoolisme, de dépendance aux drogues, d'une dépendance au jeu, d'une dépendance alimentaire ou sexuelle, de codépendance ou de toute autre forme de dépendance.

EE

Près de 200 modules

PSYCHOLOGIE ET PSYCHOÉDUCATION

FORMAT 14 x 21,5 CM
184 PAGES
ISBN 2-89092-242-1
16,95 $

Dave Pelzer
est un des communicateurs les plus efficaces et les plus respectés aux États-Unis. Il donne des conférences à des auditoires composés de gens d'affaires et de professionnels qui œuvrent dans le domaine des services sociaux. Dave consacre sa vie à aider les autres à s'aider eux-mêmes.

Traduit par:
Annie Desbiens et
Miville Boudreault

Un enfant appelé «Chose»

Le courage d'un enfant pour survivre

Le récit bouleversant d'un des pires cas de mauvais traitements envers un enfant. Ce livre raconte comment Dave a été brutalement battu et privé de nourriture par sa mère, une femme alcoolique et déséquilibrée qui le soumettait à des jeux cruels et imprévisibles – jeux qui l'ont mené aux portes de la mort. Pour survivre, Pelzer a dû apprendre à jouer les jeux de cette mère qui ne le considérait plus comme son fils, mais comme un esclave, qui ne le voyait plus comme un enfant, mais comme un «objet».

Dave dormait sur un lit de camp dans la cave et portait des vêtements sales et usés. Quant à la nourriture que sa mère daignait lui donner, c'était des restes dégoûtants que même leurs chiens refusaient de manger. Le monde extérieur ne savait rien du cauchemar qu'il vivait. N'ayant personne à qui se confier, il a puisé sa force dans ses rêves, des rêves dans lesquels quelqu'un prenait soin de lui, l'aimait et l'appelait «mon fils».

Tout au long de chacun de ses combats, vous ressentirez sa souffrance, vous partagerez sa solitude, vous vous joindrez à sa lutte pour survivre. Cette histoire troublante vous ouvrira les yeux sur une triste réalité: les mauvais traitements infligés aux enfants et le pouvoir que nous avons tous de changer les choses.

IE

Best-seller du New York Times

PRINTEMPS 2000

FORMAT 14 x 21,5 CM
320 PAGES (APPROX.)
ISBN 2-89092-260-X

Dave Pelzer
est un des communicateurs les plus efficaces et les plus respectés aux États-Unis. Il donne des conférences à des auditoires composés de gens d'affaires et de professionnels qui œuvrent dans le domaine des services sociaux. Dave consacre sa vie à aider les autres à s'aider eux-mêmes.

L'ado errant

Imaginez un jeune garçon qui n'a jamais eu de foyer. Ses seules possessions, quelques vieux vêtements déchirés, sont contenues dans un sac de papier. Son univers n'est que peur et isolement. Bien que ce jeune garçon ait été délivré de sa mère alcoolique, sa vraie souffrance ne fait que commencer — il n'a aucun endroit qu'il peut appeler SA MAISON.

Dave Pelzer nous présente enfin la suite d'*Un enfant appelé «Chose»*. Cette histoire touchante de sa vie d'adolescent nous donnera des réponses et nous révélera de nouvelles aventures. Maintenant étiqueté «enfant en attente d'adoption», le jeune David vivra l'instabilité, étant placé dans cinq familles différentes. Ceux qui croient que tous les enfants en attente d'adoption ne sont que problèmes — et indignes d'être aimés parce qu'ils ne font pas partie d'une «vraie» famille — rejetteront sa présence et le forceront à subir l'humiliation. Des larmes et des rires, la dévastation et l'espoir, contribuent à dessiner la route de ce petit garçon errant qui recherche désespérément l'amour d'une famille.

Plusieurs ridiculisent le système des placements en famille d'accueil et les services sociaux; pourtant Dave Pelzer est la preuve vivante de la nécessité de leur existence. Que vous soyez un admirateur de l'auteur ou un nouveau lecteur, *L'ado errant* est une suite qui vous émouvera et se démarquera comme une lumineuse inspiration pour tous.

IE

La suite d'un récit bouleversant

FORMAT 15 X 23 CM
208 PAGES
ISBN 2-89092-189-1
19,95 $

Collectif
sous la direction de
Yvon L'Abbé, *M.A.Ps.*
Association scientifique
pour la modification du
comportement.

Tony Anatrella,
Richard Arpin,
Pierre Blondin,
Maurice Chalom,
Vera Danyluk,
Danièle Dulude,
Christianne Gravel,
Michel Huard,
Philippe Lageix,
Michel Lemay,
Ann Mary Mercier,
Richard E. Tremblay.

La violence
chez les jeunes

Compréhension et intervention

Ce volume s'adresse à un éventail important de personnes désireuses de mieux comprendre le phénomène de la violence chez les jeunes ou qui cherchent à peaufiner leurs interventions.

Les parents confrontés à la violence de leur jeune adolescent, les enseignants et les policiers qui côtoient régulièrement les jeunes, trouveront réponses à plusieurs de leurs questions. Les intervenants sociaux et psychosociaux travaillant à la rééducation de ces jeunes pourront également tirer profit des réflexions et des suggestions contenues dans cet ouvrage.

«Nous sommes dans un contexte social qui se complaît, de façon morbide, dans des représentations de violence sur les écrans de cinéma et de télévision.»
- TONY ANATRELLA,
psychanalyste

«Il y aura inexorablement une accentuation de la violence s'il n'y a pas, dans les mots et surtout dans les faits, une recherche collective d'un Sens à l'existence.»
- MICHEL LEMAY,
psychiatre

EE

La violence augmente

COLLECTION
D'UN RISQUE À L'AUTRE
FORMAT 15 X 23 CM
144 PAGES
ISBN 2-89092-187-5
17,95 $

Jean Chapleau
est professeur en Tech-
niques d'Éducation spé-
cialisée au cégep de Saint-
Jérôme. *Sa carrière a*
débuté comme enseignant
dans les classes de
secondaire court (chemi-
nement particulier). Puis,
il a été éducateur spé-
cialisé au Centre Rosalie
Jetté *à Montréal. Par la*
suite, éducateur avec des
jeunes en difficulté et
animateur de groupes
d'hommes.

Cris de détresse, chuchotements d'espoir

La réalité du quotidien de l'éducateur spécialisé

Un éducateur spécialisé se raconte. Six années d'intervention avec des femmes enceintes en difficulté. Souvent des adolescentes, parfois des femmes d'âge mûr, elles le confronteront dans sa condition d'homme.

Il fera face à des crises violentes. Il aura à négocier avec la séduction. Il prendra contact avec la souffrance: celle de ces femmes en difficulté mais aussi la sienne. Il apprendra à exprimer ses besoins et ses émotions.

Il apprendra à se connaître comme homme et comme personne humaine. Il a choisi ce métier pour aider les autres; il découvrira que ce métier le fait cheminer dans sa vie personnelle.

Pour répondre aux cris de détresse de ces femmes en difficulté, il leur offrira des murmures d'espoir. Car l'espoir demeure le carburant essentiel du travail en relation d'aide.

EE

En difficulté • enceintes • en crise

COLLECTION
D'UN RISQUE À L'AUTRE
FORMAT 15 X 23 CM
224 PAGES
ISBN 2-89092-243-X
22,95 $

Jean Ducharme
fut psychoéducateur pendant trente-cinq ans au Centre de réadaptation Boscoville à Montréal (Québec) avant de prendre sa retraite en 1997.

Il a été conseiller auprès de la direction des services professionnels de Boscoville, coordonnateur des stages et conseiller clinique auprès d'éducateurs.

Préface de:
Jacques Grand'Maison

Avant-propos de:
Gilles Gendreau

Saute d'abord !

Un parcours de trente-cinq ans en psychoéducation

Saute d'abord ! est tiré d'une expérience vécue. À l'éducateur ou au parent que nous sommes, ce fait cherche à montrer l'importance de faire d'abord nous-mêmes ce que nous demandons à nos jeunes. Notre authenticité constitue l'un des meilleurs leviers pour vaincre la méfiance et amorcer le changement.

L'auteur, soucieux de favoriser la croissance des autres par le fruit de son apprentissage, nous interpelle par le récit d'événements ayant contribué à son développement tant au cours de son enfance, de son adolescence, de sa vie de jeune stagiaire en psychoéducation qu'au cours de ses fonctions professionnelles. En relatant ainsi son expérience, il souhaite que d'autres personnes — éducateurs, professeurs, administrateurs, étudiants en sciences humaines et parents — trouvent des pistes les inspirant et les incitant à renouveler leurs interventions, leurs méthodes d'éducation et leurs rapports aux autres.

«Il y a dans ce livre une parole modeste, consciente des limites de sa singularité, mais chargée d'une expérience qui concerne toute la société, celle de Boscoville où l'auteur a consacré sa vie avec passion et lucidité, avec courage et une fidélité émouvante, tout en étant un artisan du renouvellement incessant de cette admirable institution.»
- JACQUES GRAND'MAISON

Une expérience vécue

FORMAT 15 X 23 CM
368 PAGES
ISBN 2-89092-229-4
19,95 $

Gilles Gendreau,
psychoéducateur, profes-
*seur émérite de l'*Université de Montréal.

Collaborateurs

Bosco
la tendresse

Boscoville: un débat de société

Mars 1997. On annonce l'éventuelle fermeture de Boscoville, célèbre centre de réadaptation pour adolescents.

Aux journalistes qui lui demandent ce que représente pour lui Boscoville, Michel Forget, comédien et homme d'affaires bien connu, mais aussi ancien citoyen de Boscoville, fait cette réponse inattendue: *«Boscoville... c'est la tendresse!»*

Ce livre pourrait peut-être ouvrir des pistes, non seulement pour un «Boscoville des années 2000», mais aussi pour l'intervention auprès des jeunes en difficulté.

L'auteur sort de sa retraite pour se joindre aux anciens, parents et professionnels dans leur combat pour sauver l'institution. Il situe huit événements de ce débat public dans la perspective à la fois historique et actuelle de l'intervention sociopsychoéducative auprès des jeunes en difficulté. Il puise dans sa longue expérience de l'intervention, de l'enseignement universitaire et de la recherche-action,ses arguments en faveur d'un Boscoville des années 2000.

Un débat toujours d'actualité.

Un document-témoignage

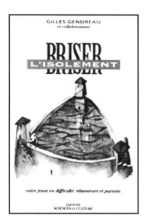

FORMAT 15 X 23 CM
332 PAGES
ISBN 2-89092-124-7
29,95 $

Gilles Gendreau,
*psychoéducateur, est pro-
fesseur émérite de l'*Université de Montréal.

Collaborateurs:
*François Belpaire,
psychologue;
Louise Lemay,
psychoéducatrice;
Lucie Delorme-Bertrand,
psychoéducatrice;
Jean-Pierre Cormier,
éducateur.*

Briser l'isolement

entre jeune en difficulté, éducateurs et parents

Briser l'isolement pour que le jeune en difficulté reprenne espoir en lui-même et en ses
éducateurs naturels et professionnels, pour
que les parents déculpabilisent et découvrent
leur compétence, pour que les professionnels
enrichissent leur habileté dans une collaboration fructueuse avec les parents.

Briser l'isolement aussi des spécialistes en
leur faisant découvrir des racines communes
de la collaboration entre éducateurs naturels
et éducateurs professionnels.

Briser l'isolement dans un centre de
réadaptation par la recherche d'un modèle
écosystémique.

En un mot, *Briser l'isolement* pour éviter que
les solutions ne deviennent elles-mêmes des
problèmes.

EE

Les racines de la collaboration

PSYCHOÉDUCATION

FORMAT 15 X 23 CM
TOME 1, 364 PAGES
ISBN 2-89092-167-0
34,95 $
TOME 2, 456 PAGES
ISBN 2-89092-182-4
39,95 $

Gilles Gendreau,
*psychoéducateur, est professeur émérite de l'*Université de Montréal.

Collaborateurs:
*Jean-Pierre Cormier,
éducateur;
Louise Lemay,
psychoéducatrice;
Pierre Perreault,
psychoéducateur.*

*Partager
ses compétences*

Tome 1. Un projet à découvrir
Tome 2. Des pistes à explorer

C'est le titre d'un ouvrage en deux tomes, mais surtout un programme... Et combien paradoxal! Des éducateurs, professionnels et parentaux, qui se demandent souvent *s'ils ont encore le tour* avec les jeunes en difficulté, osent parler de compétences et de collaboration.

Mais de quelles compétences s'agit-il ? C'est là toute la trame du premier tome dans lequel l'auteur et ses collaborateurs proposent *Un projet à découvrir.* Sans gommer les difficultés d'un tel projet, ils ouvrent des perspectives dynamiques à l'action éducative spécialisée. Un second tome intitulé *Des pistes à explorer* fournira aux éducateurs un éclairage nouveau sur ces compétences.

EE

PSYCHOÉDUCATION

AUTOMNE 2000

FORMAT 15 X 23 CM
225 PAGES (APPROX.)
ISBN 2-89092-

Gilles Gendreau, *psychoéducateur, est professeur émérite de l'*Université de Montréal.

L'accompagnement éducatif individualisé en réadaptation

Chapitre 1 -
Qu'est-ce que l'accompagnement éducatif individualisé en réadaptation. Définition et illustrations. Un sous-ensemble dans le grand ensemble de la réadaptation en internat comme en milieux naturels.

Chapitre 2 -
Le vécu éducatif partagé: le cœur et le cerveau de l'intervention psychoéducative.

Chapitre 3 -
À propos de la relation sociopsychoéducative.

Chapitre 4 -
Un bref état de la pratique actuelle de l'accompagnement individualisé en réadaptation. Les problèmes rencontrés. Questionnements des éducateurs et leurs besoins pour rendre cette pratique plus efficiente.

Chapitre 5 -
Analyse de matériel tiré de la pratique quotidienne et liens avec quelques théories de base.

Chapitre 6 -
La supervision professionnelle, un outil d'approfondissement.

L'indispensable savoir-être éducateur s'épuise dans l'accompagnement psychoéducatif si son savoir et savoir-faire de base ne sont pas constamment stimulés à se perfectionner. La supervision professionnelle, un besoin non seulement pour les apprentis mais aussi pour les autres. EE

Une supervision professionnelle

PSYCHOÉDUCATION

ÉTÉ 2000

FORMAT 15 X 23 CM
448 PAGES (APPROX.)
ISBN 2-89092-
NOUVELLE ÉDITION

Jeannine Guindon,
*docteure en psychologie,
fondatrice de l'*École de
psychoéducation de l'Université de Montréal *et de
l'*Institut de formation
humaine intégrale de
Montréal. *Conférencière
recherchée, elle continue
de se rendre dans de
nombreux pays pour
contribuer à la formation
de ceux et celles qui font
appel à sa compétence.*

Vers l'autonomie psychique

De la naissance à la mort

Il est rare de rencontrer une éducatrice qui soit doublée d'une psychologue parfaitement bilingue et possédant une culture largement étendue, en la matière, aux deux côtés de l'Atlantique. Tel est précisément le cas de Jeannine Guindon, l'auteure du livre *Les étapes de la rééducation*, où elle nous donne aujourd'hui, avec cet ouvrage *Vers l'autonomie psychique*, le fruit de sa longue expérience. Oeuvre fondamentale et qui concerne tout spécialiste en matière de psychopédagogie et de psychopathologie, mais aussi tout éducateur, professionnel ou naturel, et, finalement, tout homme et toute femme en tant que responsable de sa propre évolution devant soi-même comme devant les autres.

Dans ces pages, l'auteure, riche de sa longue pratique pédagogique et thérapeutique au contact d'êtres en difficulté mais aussi d'un exceptionnel talent de «formatrice de formateurs», nous conduit, d'étapes en étapes, à cette maturité qui doit permettre à tout humain de se réaliser à sa mesure et de se dépasser en devenant créateur. À cet ouvrage essentiel, on reviendra sans cesse, comme à une source.

EE

Un ouvrage essentiel

PSYCHOÉDUCATION

FORMAT 15 x 23 CM
336 PAGES
ISBN 2-89092-192-1
34,95 $

Jeannine Guindon,
docteure en psychologie,
*fondatrice de l'*École de
psychoéducation de l'Université de Montréal *et de
l'*Institut de formation
humaine intégrale de
Montréal. *Conférencière
recherchée, elle continue
de se rendre dans de
nombreux pays pour
contribuer à la formation
de ceux et celles qui font
appel à sa compétence.*

Les Étapes de la rééducation

des jeunes délinquants et des autres...

Le nom de Jeannine Guindon, bien connu de ceux qui œuvrent au Canada dans le domaine de la rééducation, l'est aussi en Europe et ailleurs depuis que ses idées sur la formation des éducateurs spécialisés ont été diffusées au niveau international. De l'expérience du *Centre pour jeunes délinquants de Boscoville,* elle tire ici une véritable étude psychopédagogique, à la fois scientifique et pratique, des étapes de la rééducation. Ouvrage qui lui a valu le titre de docteure en psychologie, ce livre est riche d'une large culture puisée chez des auteurs d'Amérique du Nord et d'Europe.

L'auteure a, depuis, continué sa recherche et fait de nombreuses applications à divers types de jeunes inadaptés et surtout auprès des individus dits normaux, jeunes et adultes. Depuis qu'elle a fondé l'*Institut de formation humaine intégrale de Montréal* en 1976, elle y poursuit son travail de recherche avec l'apport enrichissant de nombreux collaborateurs.

EE

Étude à la fois scientifique et pratique

PSYCHOPÉDAGOGIE

FORMAT 14,5 x 20,5 CM
384 PAGES
ISBN 2-89092-146-8
29,95 $
NOUVELLE ÉDITION 1993
REVUE ET AUGMENTÉE

Michel Lemay,
docteur en médecine, est
docteur ès lettres, psy-
chiatre.

J'ai mal à ma mère

Approche thérapeutique
du carencé relationnel

La privation de milieu familial normal, notamment celle d'une image maternelle satisfaisante, entraîne des conséquences qui peuvent être fort dommageables pour le développement d'un être humain et retentir, à travers son enfance et son adolescence, jusque dans la vie adulte.

Le Professeur Lemay ouvre des perspectives constructives thérapeutiques. Sans tomber dans un excès de pessimisme, il attire l'attention sur les dangers de minimiser la gravité d'un problème, sans doute plus actuel que jamais et qui requiert instamment l'attention des spécialistes, des parents eux-mêmes et de l'opinion publique tout entière. Les uns et les autres trouveront dans ces pages des motifs pour être vigilants, des orientations pour agir et des raisons d'espérer.

IE

Plus actuel que jamais

PSYCHOPÉDAGOGIE

FORMAT 15 X 23 CM
240 PAGES
ISBN 2-89092-241-3
22,95 $

Pierre Paquette
est conseiller principal en
éducation chrétienne à la
Commission scolaire de
Montréal.

Préface de:
Marie-Marcelle
Desmarais,
directrice générale de
*l'*Institut de formation
humaine intégrale de
Montréal.

Apprendre à mieux vivre ensemble

° à vivre ensemble dans une société éclatée ° à vivre ensemble les apprentissages essentiels et indissociables de toute éducation: le savoir, le savoir-faire, le savoir-être et le savoir-vivre ° à vivre ensemble à l'école, en accordant la priorité aux personnes ° à vivre ensemble en redécouvrant l'importance de la relation maître-élève où se joue l'essentiel de toute réforme en éducation ° à vivre ensemble dans une école où les problèmes sociaux — comme la violence, le suicide et le décrochage — exigent un encadrement soutenu et des projets pour promouvoir la paix, la vie et le métier d'étudiant ° à vivre ensemble en découvrant dans «l'actualisation des forces vitales humaines» un terrain pour canaliser les énergies des personnes ° à vivre ensemble de concert avec les personnels de l'école et les partenaires du milieu où les parents occupent une place essentielle ° à vivre ensemble en redécouvrant la dimension spirituelle comme essentielle au développement de toute personne.

Ce volume s'adresse à tout éducateur: parent, enseignant et autres personnels des écoles, des commissions scolaires, des cégeps et des universités. L'auteur inscrit l'éducation dans une large vision de la société. Dans le questionnement sur la religion à l'école, il montre comment la spiritualité est indissociable d'une formation complète — humaniste, individuelle et sociale.

EE

L'éducation dans une large vision de la société

GÉRONTOLOGIE

FORMAT 15 X 23 CM
216 PAGES
ISBN 2-89092-214-6
26,95 $

Isabelle Jordan-Ghizzo

Le Bien-Vieillir

Comment vivre mieux
le plus longtemps possible

La gérontologie moderne formule de formidables messages quant à la possibilité de diminuer les risques de dépendance de la personne âgée.

L'auteure a choisi de traiter de la qualité de ces années plus que de leur nombre. Elle donne quelques clés qui ouvrent un champ de progrès extraordinaire pour notre vie future.

Grâce à des conseils simples, on peut diminuer les risques de chute, conserver sa mobilité, sa vue, sa mémoire et son moral. Pour la première fois, il ne s'agit plus d'acheter de la jeunesse à un démon quelconque, mais de trouver en soi des ressources pour s'adapter et optimiser ses forces.

Ce livre s'adresse à tous ceux pour qui le «droit à la santé» est avant tout un devoir de maintien de son intégrité et de son autonomie. Et à tous ceux qui souhaitent aider leurs parents en leur apportant ces conseils optimistes.

IE

Défi du 21e siècle

FORMAT 15 x 21,5 CM
192 PAGES
ISBN 2-89092-111-5
19,95 $

Hélène Marchal
est médecin. Veuve depuis
quelques années, elle s'est
consacrée à aider les
femmes qui se trouvaient
en difficulté après la perte
de leur conjoint.

Pierre Joly,
prêtre, a été de nombreu-
ses années aumônier du
mouvement Espérance et
Vie *(pastorale des veuves).*

Préface de:
Isabelle Delisle, Ph.D.

Guide des veuves

Comment vivre sans lui

Livre pratique, d'inspiration chrétienne, destiné à aider la veuve, ou toute personne qui
vit un deuil, à accepter la perte et à faire de sa
souffrance une occasion de croissance.

L'ouvrage n'élude aucun sujet, n'ignore
aucune des difficultés qui se présentent et
vous apporte des solutions concrètes
«vécues» pour y faire face.

Les auteurs souhaitent vous aider à retrouver
la paix de l'âme et du corps après l'épreuve
que vous venez de traverser.

Thèmes traités: Après; Au-delà; Enfants;
Familles; Foi chrétienne; Prier; Relations;
Remariage; Revivre; Sexualité; Travailler;
Travail sur soi; Vocations; Église.

IE

Occasion de croissance

FORMAT 14 X 21 CM
248 PAGES
ISBN 2-89092-148-4
34,95 $

Maurice Porot,
professeur honoraire de Clinique psychiatrique et de Psychologie médicale *à la Faculté de Médecine de Clermont-Ferrand.*

L'enfant de remplacement

Un jeune couple désire ardemment un enfant. Une grossesse survient enfin, suivie d'un accouchement apportant la joie au foyer. Cet enfant tant désiré meurt en bas-âge, laissant une place vide et, de ce fait, un deuil d'autant plus cruel que l'enfant avait été attendu. Ces circonstances font que le «travail de deuil» est très difficile, voire impossible à faire. Pour «colmater» ce deuil, mettre en route un autre enfant semble la seule solution.

Cet enfant sera un enfant de remplacement.

Informer les parents de l'existence possible de cette réalité est la meilleure façon de les éclairer sur la conduite à tenir avec cet enfant.

IE

PSYCHOLOGIE

FORMAT 14 x 21,5 CM
112 PAGES
ISBN 2-89092-253-7

Roger Régnier
*est coordonnateur du Service aux personnes en deuil de l'Unité de soins palliatifs de l'*Hôpital Notre-Dame du CHUM. *Il est également personne-ressources au Service d'accompagnement aux personnes en deuil de l'entreprise funéraire Magnus Poirier.*

Co-fondateur de Deuil-Ressources, *il anime aussi des ateliers et donne des conférences sur le deuil et des sujets connexes.*

L'au-delà ?

Un intervenant répond
à des personnes en deuil

Qui ne s'est pas interrogé au moins une fois sur la vie après la vie? Cette question est cruciale, obsédante pour certains, quand ils sont confrontés à la mort, et elle préoccupe beaucoup les personnes qui perdent un être cher.

Les réflexions des endeuillés sur l'au-delà sont pour eux une indéniable source d'espérance et de réconfort. Mais elles traduisent aussi leurs doutes, leurs inquiétudes et leurs remises en question, ainsi que le besoin de consolider des assises momentanément ébranlées. Une information franche et rationnelle est alors essentielle au recouvrement de leur équilibre.

Ce livre traite de questions relatives à l'au-delà **en rapport avec la perte d'un être cher** par l'intermédiaire de deux personnages: *Cœur-Saignant* représente toutes les personnes en deuil et *Psyché* parle au nom d'un intervenant qui les accompagne dans leur deuil. Ils échangent sur le sujet en s'appuyant sur leurs connaissances et leurs croyances respectives sans chercher à imposer des réponses absolues, dans le seul but de contribuer à nourrir votre réflexion et à forger vos propres opinions.

EE

En rapport avec la perte d'un être cher

PSYCHOLOGIE

PRINTEMPS 2000

FORMAT 14 x 21,5 cm
176 PAGES (APPROX.)
ISBN 2-89092-259-6

Roger Régnier *et*
Line Saint-Pierre *ont fondé*
Deuil-Ressources *(1994),*
un organisme privé offrant
des services d'accompa-
gnement aux endeuillés, de
formation aux intervenants
et d'information au grand
public. Ils sont aussi tous
deux personnes-ressources
pour le Service d'accompa-
gnement des personnes en
deuil de l'entreprise funé-
raire Magnus Poirier.

Quand le deuil survient

(Titre provisoire)

80 questions et réponses

Le deuil qui suit la perte d'un être cher soulève bien des réactions et suscite de nombreux questionnements.

Dans cet ouvrage, les auteurs répondent franchement et simplement aux questions qui leur sont posées le plus souvent, espérant procurer aux personnes en deuil l'information, le soutien et le réconfort dont elles ont tant besoin.

Les questions et les réponses abordées traitent du phénomène du deuil et de ses effets, de la résolution de la crise, de l'aide aux endeuillés et du deuil des enfants.

Ce livre s'adresse en premier lieu à ceux et celles qui ont perdu un être cher, mais aussi à toute personne préoccupée par le deuil.

EE

Pour toute personne préoccupée par le deuil

CENTRES JEUNESSE DE MONTRÉAL

ÉTÉ 2000

FORMAT 15 X 23 CM
168 PAGES (APPROX.)
ISBN 2-89092-

**Les Centres Jeunesse
de Montréal**

Coordination:
Suzanne Rainville,
*psychologue Centre
d'orientation et de réa-
daptation de Montréal*

Participants:
Jean-Claude Barbant,
Diane Boyer,
Yvan Maillet,
André Allard,
Carole Lemay,
Pierre Lefrançois,
Micheline Legault,
Jean-Guy Germain.

Collaboration:
Éric Quévillon,
Me Marie Riendeau.

L'abandon d'enfant

Dépister, accepter, accompagner

Depuis 1990, le groupe de travail des *Centres jeunesse de Montréal* s'intéresse à l'intervention auprès des familles des jeunes placés en centre de réadaptation. Leur réflexion vise à instrumenter les éducateurs afin qu'ils puissent impliquer davantage les familles dans le travail de réadaptation. Leur premier objectif est de mieux comprendre la famille, son histoire, les enjeux et les blessures de chacun, afin de travailler avec la famille à la réintégration éventuelle du jeune qui est placé.

Ce livre est le fruit d'un travail collectif sur la problématique des enfants à risque d'abandon ou en situation d'abandon dans les *Centres jeunesse*. Les auteurs proposent leur ouvrage comme un instrument de réflexion et un document de travail pour les intervenants dans leurs démarches auprès des personnes «engagées» dans un processus de délaissement. L'ouvrage s'adresse surtout aux éducateurs et à leurs superviseurs, mais aussi aux autres intervenants dans les situations d'enfants et de parents vivant ces situations si difficiles à affronter et à dénouer.

EE

Centres jeunesse de Montréal

PRINTEMPS 2000

FORMAT 15 x 23 CM
168 PAGES (APPROX.)
ISBN 2-89092-

Les Centres Jeunesse de Montréal

Jean-Guy Germain,
Centre d'orientation et de réadaptation de Montréal.

Danielle Berthiaume,
Pierre Bouchard,
Diane Filiatrault,
Aline Grégoire,
Marie-José Johnson,
Lucie Rondeau,
Michel Totaro.

Un enfant entre deux familles

Le placement familial: du rêve à la réalité

Depuis dix ans, une équipe d'éducateurs travaille auprès de familles d'accueil de réadaptation dans un rôle de support-conseil. Ils décrivent chacune des phases du placement familial ainsi que les enjeux affectifs présents chez les différents acteurs: la famille d'accueil, la famille naturelle, l'enfant accueilli, les intervenants eux-mêmes. Ils explicitent les différents types d'intervention auprès de chacun, et ce depuis la préparation au placement jusqu'à sa conclusion.

Lauréats dans la catégorie «Soutien à l'intervention», les auteurs se sont mérités en 1994 le GRAND PRIX de l'*Association des centres jeunesse du Québec.*

EE

ÉTÉ 2000

FORMAT 15 X 23 CM
168 PAGES (APPROX.)
ISBN 2-89092-

Renée Dufour

Liés par un fil

Itinéraire d'une éducatrice

Un lien se crée entre un éducateur et un jeune, une famille, une équipe, un milieu.

Le lien se forme lentement et casse brusquement. Il se restaure parfois et se fortifie, ou se perd et se construit ailleurs. Un lien qui se lie et se délie imperceptible comme un fil.

Au-delà des mots, c'est une ambiance qui est créée, une atmosphère qui se dégage.

Il fut une époque où le travail d'éducateur se construisait comme un artisan façonne son métier, au fil des ans. C'est ainsi que l'auteure a cheminé dans ses études et sa carrière.

EE

SPIRITUALITÉ
MÉDITATION

FORMAT 10,5 X 18 CM
128 PAGES
ISBN 2-89092-198-0
12,95 $

Abbé Thomas Keating,
ocso;
M. Basil Pennington,
ocso;
et Thomas E. Clarke, sj

Traduit par:
Adélard Faubert, f.s.g.

Trouver la grâce au centre

Prière centralisante

Les auteurs, un abbé et deux prêtres, sont tous des contemplatifs et des maîtres de spiritualité, très au courant des besoins et des aspirations de notre temps. Ils insistent sur le fait que, puisque chacun est appelé à la béatitude éternelle, chacun est appelé à la contemplation.

Trouver la grâce au centre a donc beaucoup à dire à qui que ce soit. Il ne peut pas tout dire — le sujet de la prière est trop vaste. Mais il en explique les grandes lignes, répond aux questions, suggère les paramètres, souligne les possibilités à atteindre et les obstacles à éviter.

«La contemplation est l'évolution normale d'une vie spirituelle authentique et est donc ouverte à tous les chrétiens.»
- PÈRE ABBÉ THOMAS KEATING, OCSO

QU'EST-CE QUE LA PRIÈRE?
POURQUOI DOIS-JE PRIER?
QU'EST-CE QUE
LA CONTEMPLATION?

EE

Cultiver la prière

FORMAT 10,5 X 18 CM
192 PAGES
ISBN 2-89092-216-2
14,95 $

Nicki Verploegen Vandergrift,
auteure, utilise les écrits de Merton pour sa médita- tion personnelle depuis plus de 15 ans.

Traduit par:
Adélard Faubert, f.s.g.

Méditations avec Merton

Un livre pour ceux qui connaissent et aiment Merton; pour ceux qui sont prêts à découvrir son don de parler à l'esprit de l'homme.

Depuis sa mort à Bangkok, en Thaïlande, le 10 décembre 1968, l'influence de Thomas Merton dans les deux traditions spirituelles, chrétienne et non-chrétienne, a grandi sans cesse.

Méditations avec Merton est un recueil de réflexions avec Merton comme guide. Centrée sur des passages choisis dans les écrits de Merton, l'auteure a écrit 30 courtes média- tions sur des thèmes tels que l'intégrité personnelle, la sainteté, l'identité, l'inté- gration, Dieu, le travail, la solidarité et le ser- vice, les paroles de Dieu, la volonté de Dieu et l'amour. Des passages des Écritures s'y rapportant et une prière inédite complètent chaque méditation.

UN COLLAGE DE CITATIONS
DE L'ÉCRITURE SAINTE,
DE PRIÈRES ORIGINALES ET
DE PROPRES PAROLES DE MERTON.

EE

Thomas Merton

FORMAT 14 X 21,5 CM
224 PAGES
ISBN 2-89092-136-0
17,95 $

Jean R. Rousseau
exerce sa profession d'ingénieur dans de nombreux pays du monde. Il se consacre plus particulièrement aux problèmes du développement; il travaille comme expert des Nations-Unies dans divers pays d'Afrique.

Le baptême par le feu

Dernière étape de la Création

Au cœur du mystère de l'Homme et du mystère de la Femme, là où ils rejoignent le mystère de Dieu, se vit *Le baptême par le feu*. Il ne s'agit pas d'un rite ou d'une cérémonie d'initiation mais d'un processus de transformation, la **dernière étape de la Création.**

L'auteur cherche à faire partager le résultat de son cheminement à travers des cultures diverses et des univers spirituels variés, alliant la connaissance des gens les plus humbles à la réflexion des sages et des mystiques. Sa femme et ses enfants ajoutent leur apport aux découvertes humaines et spirituelles qu'il fait au hasard de ses rencontres.

Son livre a déjà reçu un accueil chaleureux aussi bien de théologiens que de gens qui n'ont aucune culture religieuse mais qui s'y reconnaissent et s'y sentent reconnus. *Le baptême par le feu* déborde en effet d'intuitions qui nous ouvrent à une compréhension nouvelle des textes sacrés. Au seuil du troisième millénaire, il invite à s'éveiller à une **vision unifiée** de soi-même, du Cosmos et de Dieu.

EE

Et si Dieu était tout autre

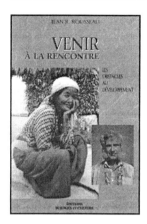

FORMAT 14 x 21,5 cm
112 PAGES
ISBN 2-89092-191-3
14,95 $

Jean R. Rousseau
exerce sa profession d'ingénieur dans de nombreux pays du monde. Il se consacre plus particulièrement aux problèmes du développement; il travaille comme expert des Nations-Unies dans divers pays d'Afrique.

Venir à la rencontre

Les obstacles au développement

Les sociétés «développées» sont aussi malades que les pays dont on dit qu'ils sont en voie de développement. Les ONG qui travaillent dans les pays du Tiers Monde buttent sur les mêmes obstacles que les travailleurs sociaux qui essaient d'endiguer la montée de la misère dans les sociétés d'abondance. L'ère économique est arrivée à sa fin sans avoir réussi à produire un développement valable. Même les sciences humaines sont piégées parce qu'elles veulent ignorer toute une part de l'humain qui n'est pas du domaine de la science.

L'auteur s'interroge sur les obstacles à un vrai développement et constate qu'ils ne sont pas propres à l'époque où nous vivons. Les sociétés primales étaient apparemment plus conscientes que les décideurs modernes des pierres d'achoppement au développement du monde et leurs règles de vie en tenaient compte, tout autant que la formation initiatique qu'elles donnaient aux jeunes gens et aux jeunes filles.

Venir à la rencontre, c'est croire en l'homme et en la femme, reconnaître leur rôle unique dans le développement des collectivités dont ils sont les membres.

EE

Croire en l'homme et en la femme

Aux sources de Medjugorje

FORMAT 15 X 23 CM
224 PAGES
ISBN 2-89092-240-5
22,95 $

Daria Klanac,
croate, parle la langue du pays. Elle a accompagné plus de 50 groupes de pèlerins à Medjugorje.

Préface de:
René Laurentin,
mariologue

«Dans l'étude des 18 bandes de magnétophone comprenant des entretiens du personnel de l'équipe de pastorale de l'époque avec les voyants, j'ai découvert le vrai visage de Medjugorje dans son état le plus original.

«J'ai donc décidé de publier ce travail pour mettre en lumière la véracité des faits qui transparaît de cette source, et l'offrir aux chercheurs bien intentionnés, aux théologiens, aux membres des commissions, de même qu'aux gens ordinaires.

«De ma rencontre avec les grands événements de Medjugorje est né un profond désir de témoigner de cette grâce. Je vous invite à vous rendre avec moi aux sources de Medjugorje.»
- DARIA KLANAC

«Daria Klanac a pénétré non seulement la surface très riche de l'événement, mais la présence de Marie et son message. Elle a été témoin de quantité de grâces: guérisons et protections que Notre Dame multiplie en ce lieu. Elle est donc un témoin complet.

«Elle apporte une impulsion éminente de rigueur, d'ouverture et de pénétration documentaire et spirituelle sur l'événement. Son livre nourrira l'ouverture de cœur essentielle à l'écoute de l'Évangile et de Notre Dame, à Medjugorje.»
- RENÉ LAURENTIN

EE

Le vrai visage de Medjugorje

FORMAT 10,5 X 17,5 CM
256 PAGES
ISBN 2-89092-188-3
14,00 $

Fra Slavko Barbaric, ofm est un franciscain croate, psychothérapeute et théologien œuvrant dans la paroisse de Medjugorje.

Traduit par:
Daria Klanac

Priez avec le cœur

À tous ceux qui désirent se rapprocher de Dieu, le bel ouvrage spirituel de Fra Slavko Barbaric, *Priez avec le cœur*, vous apprendra la façon la plus simple de prier, d'aimer Dieu et d'aimer son prochain.

Ce recueil de prières nous offre la prière du matin et du soir, une méditation devant le Saint Sacrement, une méditation du chemin de la Croix, un examen de conscience pour la préparation au sacrement du Pardon, une prière avant la messe, une action de grâce, une méditation du rosaire, une prière pour les malades et une prière de guérison.

Toutes ces prières et méditations nous enseignent comment prier avec le cœur. Elles nous invitent à découvrir toutes les beautés de la spiritualité chrétienne et à grandir en vivant l'Évangile de Jésus-Christ.

EE

Recueil de prières

Donne-moi ton cœur blessé

Le sacrement du pardon: Comment?... Pourquoi?...

FORMAT 10,5 x 17,5 CM
192 PAGES
ISBN 2-89092-238-3
10,00 $

Fra Slavko Barbaric, ofm est un franciscain croate, psychothérapeute et théologien œuvrant dans la paroisse de Medjugorje.

Traduit par: Daria Klanac

La confession est l'occasion de faire appel à l'amour et à la miséricorde: nous n'avons pas raison de la craindre même quand il y a des lacunes dans notre façon de l'approcher. C'est le travail extraordinaire de la grâce qui comble notre âme de joie, car Dieu nous donne la possibilité de recommencer en nous ouvrant le chemin de la paix et de la réconciliation.

Le point de départ du christianisme n'est pas le malade et le péché, mais la santé et la sainteté. Le christianisme n'a pas besoin du pécheur pour remplir sa mission, mais de l'homme capable de grandir dans l'amour et de développer toutes les valeurs positives.

EE

Guide pour la confession

FORMAT 10,5 X 17,5 CM
192 PAGES
ISBN 2-89092-150-6
13,00 $

Fra Slavko Barbaric, ofm est un franciscain croate, psychothérapeute et théologien œuvrant dans la paroisse de Medjugorje.

Traduit par:
L'équipe de Message de Paix

Célébrez la messe avec le cœur

Les deux livres précédents du Père Slavko, *«Priez avec le cœur»* et *«Donne-moi ton cœur blessé»*, nous orientaient vers la prière avec le cœur et la confession sincère du fond du cœur.

Célébrez la messe avec le cœur nous interpelle par le mystère même de la liturgie chrétienne et nous introduit à la sainte messe, le don le plus précieux offert à l'être humain.

Cet ouvrage, comme les deux précédents, contient des prières de circonstance, des invocations tirées des saintes Écritures, des messages appropriés de la Vierge, des réflexions stimulantes et des implorations de saint François d'Assise.

AUTRE OUVRAGE DISPONIBLE SUR MEDJUGORJE:

Messages Medjugorje
FORMAT 10,5 X 17,5 CM - 128 PAGES
ISBN 2-89092-138-7 - 5,00 $
Maria Pavlovic
est une des voyantes de la Vierge à Medjugorje.

EE

Une invitation à un banquet

FORMAT 10,5 x 18 CM
96 PAGES
ISBN 2-89092-201-4
5,95 $

Rév. Albert J.M. Shamon,
ordonné prêtre dans le
diocèse de Rochester (NY)
en 1940, a exercé son
ministère comme curé,
professeur, journaliste et
animateur radiophonique.
Il est actuellement admi-
nistrateur de la paroisse
St-Isaac-Jogues à Fleming
(NY).

Puissance du Rosaire

Pourquoi cette emphase sur le Rosaire? Notre Mère sait qu'il n'y a rien de mieux pour redresser nos pensées et contrecarrer les erreurs de la société moderne que la méditation quotidienne des mystères du Rosaire.

Le Rosaire nous aide à purifier notre pensée. Il renouvelle les cœurs, change les individus; et quand les individus changent, toute la société change.

Le Rosaire est une arme merveilleuse. Il peut apporter la paix dans le monde.

EE

Le Rosaire, une prière réfléchie

FORMAT 11 x 17 CM
254 PAGES
ISBN 2-920052-07-1
8,95 $

Jean-Paul II
est un éveilleur de cons-
cience dans le monde
d'aujourd'hui. Sans cesse
il porte l'attention à la
richesse de la présence de
Dieu dans chaque vie et
au sens de la grandeur de
l'homme.

Une année avec Marie

Ces méditations quotidiennes développent les mystères essentiels de la foi chrétienne: de la création à la rédemption, de la résurrection à l'effusion de l'Esprit, dans l'attente de l'ultime rencontre de l'Église et du monde avec le Seigneur.

Invitant à parcourir toute l'année liturgique en union avec Marie, Jean-Paul II se montre particulièrement sensible aux tribulations de l'existence humaine.

Livre de chevet, ces prières mariales feront redécouvrir au fil des jours le profond et iné-puisable mystère de Marie, mère du Christ et mère des hommes.

IE

Méditations quotidiennes

FORMAT 11 x 17 CM
384 PAGES
ISBN 2-920052-20-9
8,95 $

Jean-Paul II
*est un éveilleur de cons-
cience dans le monde
d'aujourd'hui. Sans cesse
il porte l'attention à la
richesse de la présence de
Dieu dans chaque vie et
au sens de la grandeur de
l'homme.*

Message d'amour

Pensées pour chaque jour

Le message de Jean-Paul II va à l'essentiel de ce qui touche les hommes. Il a la hantise de voir se tisser des liens d'humanité et de frater-nité partout, depuis l'intimité du cercle familial jusqu'à la grande famille des peuples.

Dans ce livre de réflexion et de méditations quotidiennes, on a recueilli des expressions multiples et fortes de ce message, qui est celui de l'amour. Le prix de la vie intérieure et le souci d'une communauté humaine juste et fraternelle, portée par un dynamisme spiri-tuel, vont de paire.

Jean-Paul II médite sur les moments clés de l'année liturgique, il explique les sacrements, il réfléchit à la responsabilité du chrétien, il s'interroge sur les défis du monde actuel... toujours son message est traversé par la foi en l'amour de Dieu pour les hommes. C'est un message de lumière, un message de vie.

IE

Méditations quotidiennes

FORMAT 11 x 17 CM
384 PAGES
ISBN 2-920052-06-3
8,95 $

Jean-Paul II

*est un éveilleur de cons-
cience dans le monde
d'aujourd'hui. Sans cesse
il porte l'attention à la
richesse de la présence de
Dieu dans chaque vie et
au sens de la grandeur de
l'homme.*

Passez une année avec moi

On n'a jamais constaté autant qu'aujourd'hui combien est nécessaire et importante la connaissance complète et profonde de la doctrine chrétienne!

Il faut réagir contre tout ce qui, dans la vie courante et au milieu des préoccupations quotidiennes, peut étouffer le vif désir et le besoin de connaître et de vivre la Vérité que Jésus nous a apportée en naissant à Bethléem et qu'il a garantie par sa mort sur la Croix et par sa Résurrection.

Seule la Vérité est consolante et corroborante, même si elle met en crise, même si elle exige des options courageuses, définitives, alors qu'il pourrait sembler bien plus facile de s'abandonner au courant des opinions, des doutes, des hypothèses, des émotions, des interrogations d'une certaine culture «arrangée» par d'occultes penseurs.

Voilà pourquoi sont nécessaires aujourd'hui une profonde et complète culture religieuse, une recherche constante et honnête du vrai et du bien unie à la prière liturgique et personnelle.

C'est d'ici que naissent les grandes décisions de la vie chrétienne.

IE

Méditations quotidiennes

FORMAT 10 x 16 CM
128 PAGES
ISBN 2-920052-09-8
8,95 $

Jean-Paul II
*est un éveilleur de cons-
cience dans le monde
d'aujourd'hui. Sans cesse
il porte l'attention à la
richesse de la présence de
Dieu dans chaque vie et
au sens de la grandeur de
l'homme.*

Notre Père

Commentaire de
la Prière du Seigneur

Ce livre contient une cinquantaine de textes
de Jean-Paul II. Ils sont organisés pour cons-
tituer un commentaire spirituel du Notre Père.

Avec le Pape entrant dans le *Pater*, on
s'ouvrira à la réalité globale de la foi chrétienne. Car la *Prière du Seigneur* est un très
riche résumé de la doctrine vivante du Christ
et de ses fidèles. Aussi est-il naturel que l'on
trouve ici un véritable condensé de la doctrine chrétienne avec ses multiples implications dans la marche de l'aventure humaine.

Les citations de la Bible, de l'Ancien et du
Nouveau Testament, sont très abondantes.
Le *Pater* est également la plus petite Bible
qui soit. Le thème de la venue du Royaume
de Dieu, sommet biblique par excellence, est
particulièrement éclairé dans cet ouvrage, qui
prend ainsi une dimension œcuménique de
première valeur.

Dans ce livre, Jean-Paul II embrasse la vie des
hommes dans toutes ses dimensions. Il est le
héraut fidèle du Christ appelant à la conver-
sion, et à la réconciliation avec Dieu et le
prochain. Chacun aura de nombreuses raisons, dans sa joie comme dans ses souffrances, d'entendre son appel à l'espérance.
Comme toujours, le cœur du Pape est à la
mesure de sa foi.

IE

Une méditation avec le Père

SPIRITUALITÉ

FORMAT 25,5 X 20 CM
86 PAGES
ISBN 2-920052-26-8
13,95 $

Gaëtane Gareau,
Groupe Monde et Espérance

Une espérance folle

Écrits et propos

«Ces écrits de Gaëtane Gareau nous permettront de poursuivre notre contact avec elle. Nous pourrons à nouveau faire l'expérience de son âme: son âme qui transparaissait à travers son corps brisé par la maladie, dans toute sa force, sa lucidité et son courage, mais aussi avec toute l'espérance qui l'animait.

«Gaëtane Gareau est un merveilleux témoin de l'espérance. Son courage et sa force n'étaient pas une sorte d'insensibilité dans les souffrances physiques et psychiques de la maladie.

«Elle a assumé la mort avec lucidité, elle l'a accueillie positivement, malgré la crainte et l'insécurité que provoque cette inconnue.

«Pour elle, l'approche de la mort a été un progrès vers la vie, à cause de son espérance. La vie a un sens, orientée vers l'au-delà et la Vie éternelle.

«Quand on a le privilège de connaître des êtres comme Gaëtane Gareau dans l'engagement de leur vie, dans leur expérience de la souffrance et dans leur accueil de la mort, on sent le sens de la vie humaine, on sait que Dieu existe, et que son nom est Amour.»

- MGR ROBERT LEBEL
Évêque de Valleyfield

Un témoignage de vie et d'espérance

FORMAT 14 X 21,5 CM
224 PAGES
ISBN 2-89092-172-7
14,95 $

Jules Beaulac,
est prêtre de l'Église de Saint-Hyacinthe (Québec). Il accompagne, depuis de nombreuses années, des personnes et des groupes dans leur cheminement spirituel. Que ce soit par le counseling individuel, par l'animation collective ou par l'écriture, il œuvre à l'apprentissage de la prière.

Il est l'auteur de nombreux livres... depuis plus de quinze ans.

Il faut bien *vivre !*

Il faut *bien* vivre! On n'a pas le choix! La vie nous est donnée pour que nous l'assumions. C'est pour cela que nous travaillons, que nous nous démenons de tant de manières: nous voulons non seulement survivre mais vivre.

Nous essayons le plus et le mieux possible de nous aimer, de nous respecter, de nous aider. Nous enfilons les jours dans le collier de nos existences, pour que le bien l'emporte sur le mal, la vérité sur le mensonge, l'amour sur la haine. Il faut *bien* vivre!

Jules Beaulac aime observer la vie qui bat au cœur des humains et de notre monde. Il y découvre souvent le Seigneur en personne. Et il aime partager ses trouvailles avec nous...

EE

La vie, c'est plein de Dieu dedans!

FORMAT 14 X 21,5 CM
200 PAGES
ISBN 2-89092-155-7
14,95 $
NOUVELLE ÉDITION REVUE
ET AUGMENTÉE

Jules Beaulac,

est prêtre de l'Église de Saint-Hyacinthe (Québec). Il accompagne, depuis de nombreuses années, des personnes et des groupes dans leur cheminement spirituel. Que ce soit par le counseling individuel, par l'animation collective ou par l'écriture, il œuvre à l'apprentissage de la prière.

Il est l'auteur de nombreux livres... depuis plus de quinze ans.

Choisis donc d'aimer

Variations sur l'éducation

Ce petit livre veut simplement réaffirmer qu'en éducation rien de constructif ne peut se faire sans amour. D'où le titre de l'ouvrage: *Choisis donc d'aimer.*

Si éduquer consiste à aider quelqu'un à grandir, rien ne l'aidera plus dans sa croissance que l'amour donné et reçu.

Cette conviction profonde, rappelée par Jean Vanier, est exprimée dans ce livre sous différents registres: botanique, humain, sapientiel et didactique. Mais c'est toujours la même conviction qui y est affirmée.

Ce livre essaie de la dire et de la redire avec amour et humour. Il s'adresse tout particulièrement aux éducateurs: parents, enseignants, pasteurs... et aux autres également, bref à tous ceux qui sont passionnés des gens et de la vie.

EE

Pour les passionnés de la vie

FORMAT 14,5 X 21 CM
320 PAGES
ISBN 2-89092-175-1
19,95 $

Michel Quoist,
né au Havre en 1921, est décédé en décembre 1997.

Ordonné prêtre en 1947, pasteur en paroisse, il fut également aumônier d'Action Catholique pendant de nombreuses années.

*Ses ouvrages, régulièrement réédités, dont plusieurs dépassent également le million d'exemplaires, ses conférences à l'étranger, son rôle en Amérique latine, ses interventions à la télévision, font de **Michel Quoist** un des auteurs religieux les plus connus en France et dans le monde.*

Dieu n'a que des désirs

Entretiens avec Élie Maréchal

Avec près de huit millions d'exemplaires vendus à travers le monde, **Michel Quoist** est un auteur religieux à succès. Si plusieurs ont lu ses livres, peu connaissent l'homme en dehors de ses écrits. Qui est donc ce prêtre havrais qui sait si bien traduire la passion quotidienne de la foi?

Quarante ans après la publication de *Prières*, son premier livre de spiritualité, Michel Quoist a accepté de répondre aux questions indiscrètes et impertinentes d'Élie Maréchal.

Tout au long de cet entretien, Michel Quoist raconte ses émerveillements, ses voyages, avoue ses impatiences devant les raideurs de *son* Église, ses démêlés avec la censure du Vatican... Il s'étonne de l'écho de ses livres. Des Indiennes des hauts-plateaux andins découvrant ses méditations au roi Baudoin qui faisait de *Réussir* son livre de chevet, de Jean-Paul II qui a lu ses ouvrages à la militante anti-apartheid emportant *Prières* au fond de sa geôle, Michel Quoist séduit par l'universalité de son propos.

IE

À la découverte de Michel Quoist

FORMAT 13 X 21 CM
232 PAGES
ISBN 2-89092-162-X
19,95 $

Michel Quoist,
né au Havre en 1921, est décédé en décembre 1997.

Ordonné prêtre en 1947, pasteur en paroisse, il fut également aumônier d'Action Catholique pendant de nombreuses années.

*Ses ouvrages, régulièrement réédités, dont plusieurs dépassent également le million d'exemplaires, ses conférences à l'étranger, son rôle en Amérique latine, ses interventions à la télévision, font de **Michel Quoist** un des auteurs religieux les plus connus en France et dans le monde.*

Réussir

Michel Quoist vient de relire et de corriger pour nous ce livre *Réussir*, actuellement traduit en vingt-quatre langues.

Plusieurs millions d'hommes, jeunes ou vieux, croyants ou incroyants l'ont déjà lu et médité. Certains — du plus humble parmi nous, jusqu'au chef d'État — ont dit qu'ils l'ont choisi comme «livre de chevet». Ce n'est pas étonnant!

Par petits chapitres, avec des images et des mots simples, Michel Quoist nous montre l'essentiel: comment devenir un homme unifié, équilibré, épanoui, capable de participer avec tous ses frères à la saine construction du monde d'aujourd'hui et de demain.

IE

Un ouvrage à lire, à méditer... un livre de chevet!

COLLECTION
TERRE NOUVELLE
FORMAT 20,5 x 21 CM
116 PAGES
ISBN 2-89092-101-8
19,95 $

Gérard Bouchard
est prêtre du diocèse de Chicoutimi. Ses fonctions d'assistance auprès de divers mouvements d'apostolat laïque, plus particulièrement l'Action Catholique, l'ont amené à exercer son ministère dans plusieurs diocèses du pays.

Théoterre

Éléments d'une théologie du terrestre

Cet ouvrage fait appel d'abord aux bâtisseurs de la cité des hommes, qui peuvent se doubler de bâtisseurs de la cité de Dieu.

Il s'adresse également aux laïcs de toute catégorie sociale, dont la vie et l'activité se déroulent au cœur du monde, spécialement les engagés dans les groupes d'action communautaire ou professionnelle.

Il s'adresse aussi aux prêtres, leurs auxiliaires et conseillers. Il vise à les rendre conscients du potentiel théologal caché, mais déjà présent et actif dans les choses du monde, pour y greffer leur engagement de foi.

AUTRES LIVRES DU MÊME AUTEUR:

Projet de Dieu
Au commencement le projet de Dieu
FORMAT 20,5 x 21 CM - 88 PAGES
ISBN 2-89092-114-X - 17,95 $

Les laïcs dans le monde présent
FORMAT 20,5 x 21 CM - 112 PAGES
ISBN 2-89092-125-5 - 19,95 $

Aux bâtisseurs de la cité de Dieu

PRINTEMPS 2000

FORMAT 14 x 21,5 CM
160 PAGES (APPROX.)
ISBN 2-89092-

Dadi Janki,
est l'un des premiers gui-
des spirituels féminins de
l'Inde à parcourir son pays
afin d'enseigner aux fem-
mes la confiance en soi et
les inviter à s'assumer
pour ainsi devenir des
leaders dans leur commu-
nauté.

Elle est à la tête de l'admi-
nistration de la Brahma
Kumaris World Spiritual
University *et membre des*
Keepers of Wisdom. *Ce*
groupe d'éminents guides
spirituels et religieux con-
seille les décideurs politi-
ques, tant sur l'environne-
ment que sur les grands
enjeux de l'humanité.

Les ailes de l'âme

Libérez votre identité spirituelle

Dadi Janki est une yogi qui recherche l'union avec Dieu. Sa mission de vie a été d'intégrer en elle l'expérience du Divin et de la partager avec le monde. Ce livre captivant nous révèle toute la sérénité de sa sagesse à propos de la nature essentiellement spirituelle de l'être, et comment cette vérité peut être appliquée et soutenue dans la vie courante. Elle est convaincue qu'avec l'aide de Dieu, il nous est possible de parvenir à une telle compréhension de nous-mêmes et des autres que nous pourrons enfin nous libérer des fardeaux de notre passé, afin que notre plein potentiel nous soit ainsi rendu.

Présentés dans un style lyrique et agrémentés de reproductions des œuvres aux couleurs remarquables et interprétatives de l'artiste française Marie Binder, les mots de Dadi Janki sont telles des ailes qui transportent l'esprit. Tout comme la grande poésie, ce livre vise à élever l'âme vers un état de bonheur profond. L'amour et la sagesse qui transcendent dans ces pages sont d'une origine divine, et seul le Divin peut nous apprendre comment atteindre un niveau qui va au-delà de l'affliction.

Ces pensées inspirantes peuvent être utilisées quotidiennement pour transformer notre cœur et notre esprit au point où, comme Dadi Janki, nous aussi, nous pourrons nous mouvoir dans la vie tels des anges libres: célestes sans être lointains, détachés mais aimants, sur les ailes de l'âme.

EE

Méditation

ÉTÉ 2000

FORMAT 15 X 23 CM
432 PAGES (APPROX.)
ISBN 2-89092-263-4

Prosper Bernard, Ph.D.
et
Prosper Bernard, Jr.,
C. Ph.D

De l'autre côté de la terre: la Chine

Ce livre raconte la vie de Prosper Bernard, S.J. (**Na Shi Rong**, en Chinois), cet homme, ce jésuite, ce prêtre canadien qui est parti en 1938 de l'autre côté de la terre vers la Chine alors troublée par une guerre civile et par l'invasion japonaise. Il a été tué le 18 mars 1943 par un commissaire de l'armée japonaise d'occupation avec deux autres prêtres canadiens.

En 1983, après quarante ans de silence, nous avons repris contact avec les catholiques de Fengxian. Nous avons visité le lieu de sa sépulture où un magnifique monument a été érigé à la mémoire de ces trois jésuites.

Cet ouvrage veut faire connaître aux Canadiens, aux Chinois et à toutes les personnes du monde la vie de cet autre canadien qui a donné sa vie pour la Chine. C'est pourquoi il paraît en même temps en langue chinoise. Le livre veut aussi parler de la Chine moderne, de nos relations avec les catholiques de Fengxian et des nouveaux liens d'amitié créés par les affaires et par l'éducation.

Lorsque le soleil se couche sur l'Amérique, où est né Prosper Bernard, dans la Chine mystérieuse, merveilleuse, lointaine, plusieurs fois millénaire, à Fengxian, où il a été tué, de l'autre côté de la terre, le même soleil est déjà levé et il éclaire le monument érigé par les catholiques de Fengxian à la mémoire de ceux qui ont donné leur vie pour la Chine, pour l'éducation et pour la foi.

EE

Le don de sa vie pour la Chine

LIVRES RELIGIEUX

COLLECTION
CÉLÉBRONS SON AMOUR
FORMAT 19,5 X 25,5 CM
40 PAGES
ISBN 2-89092-043-7
3,50 $

*Denise Bellefleur-
Raymond,
Bruno Toupin*
*Office de Catéchèse du
Québec*

Parents-enfant

Cahier d'activités

Cette brochure accompagnera l'enfant dans sa préparation aux sacrements de la Réconciliation et de l'Eucharistie.

Après chaque rencontre de catéchèse avec d'autres enfants, ce cahier aura des choses à lui dire ou des suggestions à lui faire.

Nous sommes bien heureux d'aider l'enfant à découvrir ce que Jésus a fait pour nous tous. Car nous aussi nous sommes des amis de Jésus.

DISPONIBLE EN ANGLAIS:

Parents and Child
COLLECTION LET US CELEBRATE HIS LOVE
40 PAGES - ISBN 2-89092-050-X - 4,75 $

IE

Initiation sacramentelle des enfants

COLLECTION
CÉLÉBRONS SON AMOUR
FORMAT 19,5 X 25,5 CM
64 PAGES
ISBN 2-89092-045-3
4,00 $

Denise Bellefleur-
Raymond,
Bruno Toupin
Office de Catéchèse du
Québec

Catéchètes

Les catéchèses initatiques visent la prépara-tion des enfants de 8-9 ans qui vont accéder aux sacrements de la Réconciliation et de l'Eucharistie et qui ont reçu au complet les catéchèses antécédentes de première et de deuxième année.

Elles empruntent une démarche en huit temps et se développent en six rencontres. Elles présentent les sacrements comme des signes de l'amitié de Jésus, de sorte que toutes ces catéchèses reprennent le thème de l'amitié, sous des facettes différentes, pour faire découvrir la grandeur du pardon de Dieu dans la Réconciliation et la présence de Jésus dans l'Eucharistie.

Elles sont accompagnées d'affiches, de notes techniques pour vous aider dans le déroulement d'une rencontre et sont complétées par un cahier d'activités.

C'est une première initiation qui appelle des suites. Elles demandent d'avoir le goût de dire sa foi et d'en témoigner simplement auprès des enfants, de les connaître un peu et de les aimer beaucoup. Elles se veulent un instrument utile à ceux qui les utiliseront.

DISPONIBLE EN ANGLAIS:

Catechists
COLLECTION LET US CELEBRATE HIS LOVE
64 PAGES - ISBN 2-89092-053-4 - 5,00 $

IE

Initiation sacramentelle des enfants

COLLECTION
CÉLÉBRONS SON AMOUR
FORMAT 19,5 X 25,5 CM
64 PAGES
ISBN 2-89092-046-1
4,00 $

**Denise Bellefleur-
Raymond,
Bruno Toupin**
*Office de Catéchèse du
Québec*

Communauté chrétienne

L'initiation sacramentelle des enfants est au cœur des préoccupations pastorales de l'Église, pour favoriser l'éveil et la croissance de la foi des jeunes.

Pendant longtemps l'enfant a été porté dans sa foi par la famille, l'école et le milieu environnant. Aujourd'hui ce contexte d'ensemble est en pleine mutation et change rapidement. L'école, dans le cadre de l'enseignement religieux catholique, continue toujours de dispenser les catéchèses antécédentes. Cependant il revient à la communauté chrétienne d'assumer la responsabilité des catéchèses immédiatement préparatoires à la réception des sacrements. Cette remise à la communauté de sa responsabilité entraîne nécessairement une nouvelle façon d'être et d'agir en communauté. C'est là un défi. C'est aussi une espérance.

Les responsables de la communauté chrétienne trouveront dans cet instrument des ressources utiles. Il les aidera à se préparer à mieux vivre des événements qui renouvellent toute la communauté: la célébration des sacrements de la Réconciliation et de l'Eucharistie.

DISPONIBLE EN ANGLAIS:

Christian Community
COLLECTION LET US CELEBRATE HIS LOVE
56 PAGES - ISBN 2-89092-054-2 - 5,00 $

IE

Initiation sacramentelle des enfants

COLLECTION
CÉLÉBRONS SON AMOUR
FORMAT 19,5 x 25,5 CM
80 PAGES
ISBN 2-89092-051-8
6,50 $

Denise Bellefleur-
Raymond,
Bruno Toupin
Office de Catéchèse du
Québec

Famille

Dans ce document, qui veut aider les parents désirant assurer le suivi familial de l'initiation sacramentelle de leur enfant, nous nous attardons spécialement au vécu des enfants de 8 à 12 ans au sein de la famille.

Ce rôle de la famille est important, voire nécessaire. Il s'exerce au fil du quotidien dans une éducation attentive à développer des attitudes et des comportements propres à bien célébrer les sacrements et à bien vivre le quotidien.

Une première partie traite de ce qui est nécessaire pour vivre toute réconciliation et pour rendre la réception du sacrement de la Réconciliation plus riche et plus signifiante. Une deuxième partie propose ce qui favorise la communion avec les autres et qui permet de mieux célébrer l'Eucharistie.

Une troisième partie présente ce qui caractérise une vie d'amitié avec Jésus, alors que la quatrième partie fournit des éléments de réponse aux questions que les enfants ne manquent pas de poser sur les sacrements de la Réconciliation et de l'Eucharistie.

DISPONIBLE EN ANGLAIS:

Family Life
COLLECTION LET US CELEBRATE HIS LOVE
80 PAGES - ISBN 2-89092-068-2 - 8,50 $

IE

Initiation sacramentelle des enfants

CATÉCHÈSE

COLLECTION
CÉLÉBRONS SON AMOUR
FORMAT 22 X 28 CM
110 PAGES
ISBN 2-89092-071-2
6,00 $

***Denise Bellefleur-
Raymond,
Bruno Toupin***
*Office de Catéchèse du
Québec*

Rencontres de parents

La responsabilité de l'initiation des enfants aux sacrements de la Réconciliation et de l'Eucharistie est une responsabilité partagée. La communauté chrétienne et les parents ont un rôle à jouer.

Pour bien remplir ce rôle, les parents ont besoin d'être aidés. Des rencontres de parents sont nécessaires pour les informer et les former. Voici une série de rencontres de parents bâties pour répondre à ce double besoin.

Cette publication s'adresse à toute personne appelée à animer des rencontres de parents à l'occasion de l'initiation des enfants aux sacrements de la Réconciliation et de l'Eucharistie.

Le point de départ de ces rencontres est ce que savent les parents à partir de leur expérience. Poussant plus loin la réflexion, un contenu approprié est proposé afin que les parents soient mieux éclairés pour répondre aux objectifs de la rencontre. Enfin, la dernière étape permet aux parents de retenir ce qui leur est utile ou a du sens pour eux.

ÉGALEMENT DISPONIBLE:

***Tendresse de Dieu au quotidien
des jours***
FORMAT 23 X 23 CM - 48 PAGES
ISBN 2-89092-048-8 - 1,00 $
Nicole Durand-Lutzy, Jacqueline Topouzian
Office de Catéchèse du Québec

Initiation sacramentelle des enfants

Collection
Trésors de la foi
Format 21 x 25 cm
578 pages
ISBN 2-89092-213-8
24,95 $

Collectif

ILLUSTRATIONS

EN COULEURS

Ta Parole est un trésor

Ce document biblique comprend un parcours pour trois années de catéchèse. Il présente les principaux textes de l'Ancien et du Nouveau Testament dans leur traduction liturgique, enrichis de notes, de commentaires et de textes d'intériorisation.

Vous utiliserez *Ta Parole est un trésor*, en catéchèse, pour donner aux enfants le goût de la Parole de Dieu et les familiariser avec la Bible.

IE

Bible pour enfants

Expériences pastorales d'aujourd'hui

Quoi faire pour ouvrir les jeunes à une rencontre avec le Christ? Comment faire pour que les jeunes perçoivent en Jésus une réponse à leur recherche d'un sens à la vie?

L'auteur, Yvon Cousineau, met sa créativité et son expérience au service des animateurs de mouvements religieux et présente une *banque* d'activités pastorales. Celles-ci sont présentées à travers un scénario, avec les objectifs généraux, le temps requis, le matériel nécessaire, la démarche, la conclusion et quelques notes supplémentaires.

Bien que ces activités pastorales aient été conçues à l'origine pour les jeunes, elles s'adaptent à toutes sortes de groupes et à des publics d'âges divers. Même les adultes en tireront profit.

FORMAT 20,5 x 25 CM
TOME 1: 212 PAGES
ISBN 2-920052-25-X
14,95 $
TOME 2: 128 PAGES
ISBN 2-920052-28-4
10,95 $

Yvon Cousineau, c.s.c. possède une expérience de plus de vingt ans d'enseignement et d'animation pastorale.

ÉGALEMENT DISPONIBLE DU MÊME AUTEUR:

Le masque suivi de *«La grande énigme»*
FORMAT 16,5 x 11,5 CM - 128 PAGES
ISBN 2-89092-107-7 - 9,95 $

UN OUTIL
PRÉCIEUX ET RARE

EE

Une banque d'activités pastorales

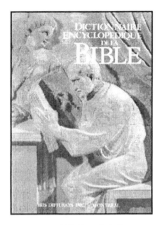

FORMAT 17,5 X 24,5 CM
1 366 PAGES
ISBN 2-920052-22-5
159,00 $
RELIÉ - TOILE

Collectif
Plus de 110 auteurs de renom, venus de tous les horizons de l'exégèse francophone et international.

Dictionnaire encyclopédique de la Bible

Utilisant les dernières ressources de l'informatique, le *Dictionnaire encyclopédique de la Bible* reprend plus de 4 100 notices comportant une bibliographie étendue, qui couvre l'ensemble de la science biblique.

L'information traitée (8 millions de signes) est en effet très large: y sont traités de façon exhaustive les livres, les toponymes, les personnages de la Bible, les grands concepts de la théologie biblique, la géographie physique, la flore et la faune du monde de la Bible, son histoire, ses institutions, sans oublier les réalités de la vie quotidienne.

Le *DEB* présente également un état de la question sur des domaines comme: les apocryphes de l'Ancien et du Nouveau Testament, les textes de Nag Hammadi, la transmission du texte biblique, l'interprétation et l'utilisation du texte biblique dans le Judaïsme, dans les diverses confessions chrétiennes et dans l'Islam, l'histoire des études bibliques et d'exégèse, les rapports entre la Bible et l'Art, les dernières découvertes archéologiques en Palestine et au Proche-Orient.

HUIT MILLIONS

DE SIGNES TRAITÉS

IE

Tout le savoir biblique du XXe siècle

FORMAT 17 X 24,5 CM
1 436 PAGES (2 VOLUMES)
ISBN 2-89092-143-3
59,95 $
RELIÉ - TOILE
INCLUANT VOLUME DE
TABLES

Collectif

La Bible de la liturgie

Traduction officielle
pour les célébrations

Cet ouvrage regroupe essentiellement dans l'ordre de la Bible, tous les passages de l'Écriture sainte utilisés dans les célébrations liturgiques (hormis la liturgie des Heures): messes le dimanche et en semaine, fêtes des saints, sacrements, circonstances et intentions diverses.

Il comprend l'Ancien Testament lu dans la liturgie, le Nouveau Testament dans sa totalité, tous les Psaumes et Cantiques bibliques, ainsi que 350 pages de tables, mots-clefs et index.

Il constitue à la fois un vrai livre pour la célébration, un instrument pratique de recherche et un document officiel de référence.

ÉGALEMENT DISPONIBLE:

Dictionnaire encyclopédique
de la liturgie
Volume 1 - A-L
FORMAT 17 X 24 CM - 688 PAGES
ISBN 2-89092-113-1 - 124,95 $
RELIÉ - TOILE
Collectif
sous la direction de Domenico Sartore et
Achille M. Triacca

IE

Un livre indispensable

Sciences éducatives et Environnement

FORMAT 18 x 24 CM
390 PAGES
ISBN 2-89092-026-7
37,50 $

Georgi Lozanov,
diplômé en médecine, se
spécialise en psychiatrie
puis en physiologie. Une
nouvelle discipline, qu'il
désigne du nom de sugges-
tologie, s'élabore autour
de ses idées originales.

Traduit par:
Pascal Boussard

Suggestologie et éléments de suggestopédie

La suggestologie est à la fois la science et l'art de libérer et stimuler l'individu, soit de façon autonome, soit avec l'aide d'un guide. La suggestopédie en est l'application à la pédagogie.

L'expérimentation sur les états altérés de conscience démontre en effet que la mémoire transcende largement les limites que nous lui attribuons d'ordinaire.

De quoi dépend l'éclosion de ce considérable potentiel subconscient? La suggestion ne serait-elle pas le facteur commun à tous les phénomènes accidentels ou provoqués d'expansion des pouvoirs du cerveau? Quels sont alors ses mécanismes et peut-on s'appuyer sur un système cohérent pour l'utiliser pratiquement dans des domaines aussi variés que la médecine, la psychothérapie et l'éducation?

EE

Science et art

GRAPHOLOGIE

FORMAT 17 x 24 CM
390 PAGES
ISBN 2-89092-147-6
59,95 $

Lamberto Torbidoni,
Livio Zanin

Traduit par:
Roma Lavoie et
J.-C. Gille-Maisani

Graphologie

Manuel théorique
et pratique

Ce manuel est progressif et complet conduisant pas à pas le lecteur, des principes de la graphologie jusqu'à l'analyse d'une écriture.

À l'intention des débutants, les signes graphologiques sont exposés en détail et illustrés chacun par plusieurs autographes typiques. Puis, il est expliqué comment procéder méthodiquement pour combiner les signes entre eux afin de déterminer le tempérament, la forme d'intelligence, les aptitudes de l'auteur d'une écriture.

Guide idéal pour qui veut apprendre la graphologie, ce livre permet au graphologue déjà formé d'enrichir ses connaissances de plusieurs signes et de plusieurs points de vue nouveaux.

IE

Manuel par excellence

FORMAT 17 X 24,5 CM
256 PAGES
ISBN 2-89092-066-6
28,50 $

Denis Bertrand
est professeur de management et de gestion des ressources humaines au Département des Sciences administratives de l'UQAM. Il est membre actif du Groupe interuniversitaire de réflexion sur l'enseignement supérieur (GIRES) et du Groupe de recherche sur l'enseignement supérieur (GRES).

Crise universitaire au Québec ?

À partir de cette double interrogation, l'auteur analyse les travaux de la Commission parlementaire de l'automne 1986 sur les orientations et le financement du réseau universitaire québécois.

À l'aide de nouveaux schémas théoriques, il explique pourquoi les institutions universitaires, les divers types de personnels des universités et la CREPUQ ont été incapables de poser des diagnostics complets et d'innover. Il décrit, explique et critique l'apport important du ministre Claude Ryan, du Conseil des universités, du Fonds F.C.A.R., de l'ACFAS et des diverses associations étudiantes. Il analyse aussi les positions de l'Université du Québec, du Parti québécois, du Conseil du patronat du Québec, du Mouvement de l'enseignement privé, de la C.E.Q., de la FNEEQ et de diverses corporations professionnelles.

Le monde universitaire y est présenté comme un lieu de contradiction: unité, dynamisme et synergie; diversité, éclatement et pluralisme. Sans prétendre régler tous les problèmes, l'auteur répond à ces deux questions et propose, entre autres, la revalorisation des unités de base et l'amélioration de la gestion des ressources humaines.

Sous-financement ou mauvaise gestion ?

FORMAT 15 X 23 CM
288 PAGES
ISBN 2-89092-004-6
21,50 $

Gaston Pineau,
*professeur au Département des Sciences de l'Éducation et de la For-mation de l'*Université de Tours.

Les combats aux frontières des organisations

Un cas universitaire d'éducation permanente

La phase actuelle d'institutionnalisation de l'éducation permanente ne peut se comprendre à l'extérieur de ce conflit central des sociétés bureaucratiques. C'est à l'intérieur de ce conflit que se situent les pratiques d'éducation permanente, à la frontière des gros appareils et de millions d'usagers qui veulent se réapproprier le pouvoir d'organiser leur formation.

À partir de l'étude de cas de la Faculté de l'Éducation Permanente de l'Université de Montréal, ce livre essaie de dégager la théorie de ces pratiques, en utilisant une approche systémique et dialectique appliquée à la Production, Diffusion et Utilisation sociales des connaissances.

Ces pratiques-frontières, plus proches des usagers, peuvent être des pratiques privilégiées pour éduquer en permanence... les organisations, les empêchant de se fermer, en les confrontant en permanence à de nouvelles exigences sociales.

Lutte des classes?

FORMAT 15 X 23 CM
168 PAGES
ISBN 2-89092-013-5
19,95 $

Françoise Deroy-Pineau

Les francs-tireurs de l'information

Comment être compris à la fois d'universitaires et de journalistes? Ce travail se situe dans l'écartèlement de cette question. En même temps, c'est un essai pour élaborer une théorie à partir de nouvelles pratiques. Cela nous amène:

- à examiner comment les trois grands paradigmes (fonctionnaliste, marxiste, des «deux-marchés») envisagent le champ socio-économique de l'information;

- à construire notre propre grille d'analyse dans la mouvance des travaux non productivistes et des luttes anti-appareil;

- à relier la question des journalistes pigistes à celle des médias parallèles, dans la mesure où les pigistes ne posent pas seulement un problème professionnel, mais aussi un problème socioculturel: celui de l'expression libre face à la monopolisation du pouvoir d'informer par trois monopoles en puissance: l'État, les pouvoirs économiques et la tendance corporatiste des professionnels de l'information.

«Cette étude a le mérite de débroussailler cette zone encore inexplorée et inconnue de la presse qu'est la pige. Elle projette une première lumière sur la situation des journalistes pigistes, analyse les raisons de ce second marché de l'emploi dans le champ social de l'information et des interactions de ses divers acteurs.»

— COLETTE BEAUCHAMP

La situation des journalistes pigistes

FORMAT 15,5 X 24 CM
272 PAGES
ISBN 2-89092-100-X
54,95 $

Gaston Pineau,
*professeur au Département des Sciences de l'Éducation et de la Formation de l'*Université de Tours.

Collaborateurs*:*
D. Allard,
F. Deroy,
G. Fouilloux,
J.-C. Jay-Rayon,
G. Lerbet,
A. Vidricaire,
A. Villevieille,
et J. Zayed.

De l'air

Essai sur l'écoformation

Les problèmes environnementaux imposent, avec urgence à la formation, l'ouverture d'un nouveau champ de recherche appelé ici éco-formation. C'est à l'ouverture de ce champ que veut contribuer cette recherche franco-québécoise sur la formation de relations optimales à un élément-milieu particulier : l'air.

Elle s'appuie sur l'approche bachelardienne des éléments, réactualisée par le vert paradigme des écosystémistes et des courants orientaux. Le travail des rapports aux trois autres éléments — feu, terre, eau — est envisagé de façon à initier ce qu'on peut appeler une auto-cosmogénie.

De l'air ! Cri d'expiration ? D'aspiration ? Crise d'inspiration ? Cri cosmogonique. Le cri d'Icare plane. Si la conquête technique de l'air ne s'accompagne pas d'une conquête écologique, la chute menace, ... collective.

IE

Formation écologique

FORMAT 11 x 18 CM
320 PAGES
ISBN 2-89092-112-3
24,95 $

Linda Starke

Traduit par:
Anne Derouet-Delmont

Des raisons d'espérer

Préparer
notre avenir commun

Peu de publications, au cours de ces dernières années, ont eu, sur le public et les milieux politiques dans le monde, l'impact de
Notre avenir à tous, le rapport de la Commission mondiale sur l'environnement et le
développement. Les problèmes d'environnement et de développement sont venus au
centre de l'arène politique et des débats publics. Des changements de politique natio-
nale, économique, industrielle et sociale se
font jour à une échelle sans précédent.

Ce volume fait état des progrès obtenus dans
l'application des recommandations du Rapport Brundtland et examine les initiatives
prises par les gouvernements, l'industrie, la
science, les organisations non gouvernemen-
tales, les médias et les jeunes dans le monde
entier. Il souligne aussi les domaines dans
lesquels des progrès restent à faire et examine
«l'Agenda inachevé» — les priorités pour
d'autres changements dans la décennie en
cours.

AUSSI DISPONIBLE:

Ressources mondiales 1992-1993
Un guide de l'environnement global
FORMAT 21,5 x 27 CM - 432 PAGES
ISBN 2-89092-121-2 - 34,95 $
Institut des ressources mondiales

IE

L'avenir de la planète

GÉOPOLITIQUE

GÉOPOLITIQUE

FORMAT 14 X 21,5 CM
166 PAGES
ISBN 2-89092-231-6
22,95 $

Gérard A. Montifroy,
*responsable des relations
internationales, Campus
du Fort Saint-Jean*

Marc Imbeault,
professeur de philosophie

*Les deux auteurs ensei-
gnent au niveau universi-
taire à Montréal et sont
fondateurs du* Centre International de Géopolitique *au*
Campus du Fort Saint-Jean
(Québec, Canada).

Géopolitique et philosophies

Des manières de voir aux manières d'agir

La trilogie présentée par les auteurs en regard de la *Géopolitique* appelait une sorte de survol de synthèse. Ce survol vise simultanément à compléter la trilogie par une réflexion d'essence philosophique et à déboucher non pas sur une conclusion dogmatique, mais plutôt sur une réflexion plus globale. C'est dans ce sens que les auteurs ont entrepris *Géopolitique & Philosophies.*

Dans une approche accessible au *«grand public»*, cet ouvrage est complété par une généreuse bibliographie toujours traditionnelle et non conformiste à la fois. Les sources et les concepts viennent des deux côtés de l'Atlantique.

IE

Une approche géopolitique

GÉOPOLITIQUE

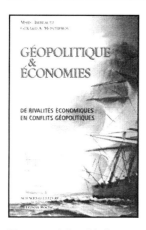

FORMAT 14 X 21,5 CM
186 PAGES
ISBN 2-89092-224-3
23,95 $

Gérard A. Montifroy,
responsable des relations internationales, Campus du Fort Saint-Jean

Marc Imbeault,
professeur de philosophie

Les deux auteurs enseignent au niveau universitaire à Montréal et sont fondateurs du Centre International de Géopolitique *au* Campus du Fort Saint-Jean *(Québec, Canada).*

Géopolitique et économies

De rivalités économiques en conflits géopolitiques

Conçu de manière claire et précise, ce livre était attendu. Constatant l'émergence de la géo-économie dans les relations internationales, ses relations étroites avec la géopolitique, cet ouvrage apporte les clés nécessaires à la compréhension des conflits entre puissances dus à la rivalité économique dans les rapports de force.

L'on trouvera trois parties distinctes et bien séparées dans le temps et l'espace. D'abord, le poids de l'économique dans les relations internationales, suivi d'une mise en perspective historique qui va de la Grèce antique jusqu'aux tensions dans la Baltique (à notre époque). Ensuite, des analyses fouillées basées sur une bibliographie précise évoquant des réalités de la Russie et de Hong Kong. Enfin, une esquisse prospective sur les risques des grands ensembles économiques.

IE

Compréhension des conflits

GÉOPOLITIQUE

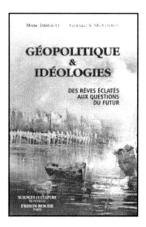

FORMAT 14 X 21,5 CM
176 PAGES
ISBN 2-89092-211-1
22,95 $

Gérard A. Montifroy,
responsable des relations internationales, Campus du Fort Saint-Jean

Marc Imbeault,
professeur de philosophie

Les deux auteurs enseignent au niveau universitaire à Montréal et sont fondateurs du Centre International de Géopolitique *au* Campus du Fort Saint-Jean *(Québec, Canada).*

Géopolitique et idéologies

Des rêves éclatés aux questions du futur

Les auteurs n'ont pas hésité à mettre de l'avant l'essentiel des données historiques, philosophiques et géopolitiques qui déterminent les relations internationales de manière non apparente. Il existe des influences idéologiques fondamentales déterminant la géopolitique actuelle.

Destiné à un vaste public, volontairement concis, bien appuyé sur une solide bibliographie, ce livre est structuré comme les précédents en trois parties, facilitant la lecture et les recherches :

- État de la question et problématique
- Évolutions et confrontations idéologiques
- Des illusions idéologiques aux conséquences géopolitiques.

IE

Un livre fondamental

FORMAT 14 x 21,5 CM
160 PAGES
ISBN 2-89092-181-6
19,95 $

Gérard A. Montifroy,
responsable des relations
internationales, Campus
du Fort Saint-Jean

Marc Imbeault,
professeur de philosophie

Les deux auteurs ensei-
gnent au niveau universi-
taire à Montréal et sont
fondateurs du Centre International de Géopolitique *au*
Campus du Fort Saint-Jean
(Québec, Canada).

Géopolitique et démocraties

Perspectives sur la fin du XXe siècle

Les auteurs n'ont pas hésité à mettre de l'avant la substance des données philoso-phiques, politiques et géopolitiques.

Un dangereux cocktail pour cette fin de siècle. Bien des idées reçues sont bous-culées. Un livre destiné à un vaste public.

DE L'ESPACE ET DU TEMPS

DE L'ESQUISSE AU DESSIN

DU MYTHE AUX RÉALITÉS

Ce sommaire condensé du volume montre l'étendue et l'originalité des thèmes abordés. Les auteurs ont intégré de nombreuses références bibliographiques, laissant peu de thèmes au hasard.

IE

Du mythe aux réalités

GÉOPOLITIQUE

FORMAT 15 X 23 CM
294 PAGES
ISBN 2-89092-173-5
24,95 $

Collectif
sous la direction de
Gérard A. Montifroy,
responsable des relations
internationales, Campus
du Fort Saint-Jean

Douglas Desrosiers,
Giuseppe Faragone,
Marc Imbeault,
Attila Joo,
Andreï Kossatkine,
Derek Quinn,
Nada Safa,
Benoît Saint-Onge,
Solange Tremblay,
John D. Young.

Géopolitiques internationales

Analyses et vues du Canada

Du Canada — comme «observatoire» géopolitique... Pourquoi pas?

C'est le défi relevé par une dizaine d'auteurs réunis par Gérard A. Montifroy. Cette équipe évolue loin des sentiers battus du «prêt-à-penser». Composée de Canadiens anglais, de Canadiens français, d'Européens et d'une Libanaise, chacun des auteurs s'exprime librement sur les rapports géopolitiques des dernières années du siècle.

Chaque communication peut se lire indépendamment. Toutefois, l'ensemble constitue bien un «tout», puisque les mutations intérieures à l'Amérique du Nord et à l'Europe se répercutent inévitablement des deux côtés de l'Atlantique.

IE

GÉOPOLITIQUE

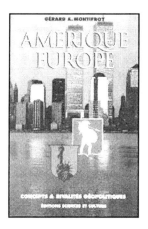

FORMAT 14 x 21 CM
286 PAGES
ISBN 2-89092-128-X
24,95 $

Gérard A. Montifroy,
responsable des relations
internationales, Campus
du Fort Saint-Jean

FORMAT 13 x 20,5 CM
360 PAGES
ISBN 2-89092-099-2
24,95 $

Amérique-Europe

Concepts et rivalités géopolitiques

Amérique-Europe: quel passé, quel avenir?

Hier, l'aide de la France aux Insurgents, puis l'abandon «neutre» aux *Confédérés* ont-ils été de bons choix géopolitiques?

Aujourd'hui, dans la dernière décennie du XXe siècle, les relations entre Washington et l'Europe sont-elles des relations d'alliés, de partenaires ou... sont-elles déjà marquées du sceau de la rivalité? Les positions de Washington dans le monde sont-elles transparentes?

Demain, quels sont les schémas, les scénarios qui apparaissent avec la situation, les concepts internes propres aux États-Unis? Le Canada pourra-t-il surmonter les nouveaux défis pour garantir son indépendance?

Enjeux et Guerres

Géostratégie et affrontements géopolitiques

Ce livre aidera l'homme soucieux de mieux comprendre son temps; l'étudiant d'histoire et de science politique apprendra à cette lecture à réfléchir et à concevoir des idées claires.

IE

Hier • Aujourd'hui • Demain

PRINTEMPS 2000

Géopolitiques atlantiques

Analyses et vues d'Amérique du Nord

FORMAT 14 x 21,5 CM
160 PAGES (APPROX.)
ISBN 2-89092-262-6

Donald Williams
est titulaire d'une maîtrise
de géographie politique
*de l'*Université du Québec à
Montréal.

Préface de:
Gérard A. Montifroy

Ce livre essentiel étonnera des deux côtés de l'Atlantique.

Il étonnera d'abord en Amérique du Nord.

Dans la foulée de plusieurs universitaires américains comme Paul Kennedy, Thomas Molnar, Edward Behr, Edward Luttwak..., Donald William est un auteur à la fois classique et direct. Il est classique par la qualité de ses recherches bibliographiques. Mais il est aussi et surtout direct par la rigueur de ses démonstrations qui ne manqueront ni de choquer, ni de surprendre.

Enfin, ce livre étonnera en Europe: à l'instar de prédécesseurs à la notoriété reconnue, un auteur publiant d'Amérique du Nord n'hésite pas à faire savoir aux Européens qu'il existe encore des intellectuels nord-américains capables de les comprendre.

Rétrospectives et prospectives

FISCALITÉ

FISCALITÉ

Collection Impôts
Format 20 x 25 cm
584 pages
ISBN 2-89092-246-4
59,95 $
Édition 1999

Pierre Royer,
*M.B.A., Ph.D., F.C.A.,
Professeur honoraire de
l'*École des Hautes Études
Commerciales *de Montréal
(Québec).*

James Drew,
*L.Sc. comm., C.A.,
Professeurs à l'*École des
Hautes Études Commerciales *de Montréal (Québec).*

Cette publication est éditée
annuellement (en août).

Impôts et planification

Cet ouvrage renseigne les contribuables
canadiens sur le cadre fiscal dans lequel ils
vivent. Bien informés, ils pourront planifier
leurs affaires et profiter des nombreux avantages offerts par les textes fiscaux. Ainsi, ils
pourront réduire leurs impôts et améliorer leur
niveau de vie. Rapidement ce livre deviendra
un outil précieux pour tous ceux qui désirent
évaluer les nombreux moyens de planification
disponibles.

Les sujets étudiés sont les suivants: notions
relatives au cadre fiscal et éléments
d'administration et de planification fiscale —
analyse des éléments servant à déterminer le
revenu annuel d'un contribuable — passage
du revenu au revenu imposable et au calcul
des impôts fédéral et provincial des
particuliers — Régimes d'épargne: REER,
REA, Régime de pension agréé, Régime
d'épargne-études, RPDB, convention de
retraite, autres régimes — imposition des
différentes entités (fiducies, corporations,
coopératives) et leurs relations avec les
bénéficiaires, propriétaires ou membres.

Un outil précieux de gestion financière

COLLECTION IMPÔTS
FORMAT 20 X 25 CM
272 PAGES
ISBN 2-89092-247-2
29,95 $
ÉDITION 1999

Pierre Royer,
M.B.A., Ph.D., F.C.A.,
Professeur honoraire de
*l'*École des Hautes Études
Commerciales *de Montréal*
(Québec).

Cette publication est éditée
annuellement (en août).

Problèmes d'impôts et solutions

Les *Problèmes d'impôts et solutions* complètent un autre ouvrage de plus de 550 pages, intitulé *Impôts et Planification*, qui explique le cadre fiscal dans lequel vit le contribuable canadien, plus particulièrement le Québécois. Le livre de problèmes comprend un total de 136 énoncés divisés en:

- des questions théoriques comprenant peu de chiffres et amenant le lecteur à réfléchir sur certains aspects déjà abordés dans le volume *Impôts et Planification*;

- des problèmes comportant des données quantitatives conduisant à des réponses précises, comme le revenu imposable et l'impôt à payer d'un contribuable;

- des cas décrivant des situations complexes obligeant le lecteur à procéder à une analyse en profondeur des faits, à évaluer différentes propositions et ensuite à choisir celle qu'il juge la meilleure.

AUTRE TITRE DISPONIBLE:

Cas d'impôt
COLLECTION IMPÔTS
FORMAT 19,5 X 26,5 CM - 56 PAGES
ISBN 2-89092-252-9 - 8,25 $ - ÉD. 1999
Pierre Royer, James Drew

Cette publication est éditée annuellement
(en septembre).

Pour approfondir la connaissance des impôts

FISCALITÉ

JANVIER 2000

Fiscalité des entreprises et problèmes

Ce volume porte sur les principaux aspects de la fiscalité des entreprises canadiennes, constituées sous forme de corporations ou de sociétés en nom collectif, et sur les incidences fiscales des transactions entre ces entités et leurs propriétaires, soit les actionnaires et les associés.

COLLECTION IMPÔTS
FORMAT 20 x 25 CM
432 PAGES (APPROX.)
ISBN 2-89092-255-3
59,95 $ (APPROX.)
ÉDITION 2000

Pierre Royer,
M.B.A., Ph.D., F.C.A.,
Professeur honoraire de
*l'*École des Hautes Études
Commerciales *de Montréal*
(Québec).

Le présent volume peut se répartir en cinq parties:
- l'imposition des différentes catégories de corporations et les conséquences fiscales des avantages qu'elles consentent à leurs actionnaires;
- les dispositions de roulement applicables lors de transactions liées à l'expansion ou à la dissolution des corporations;
- l'attribution des revenus des sociétés en nom collectif à leurs membres, à la fois au cours de leur existence et au moment de la dissolution;
- les implications fiscales des transactions internationales pour les résidents canadiens et pour les non-résidents qui gagnent un revenu au Canada;
- la taxe sur les produits et services.

De nos jours, tous les bénéficiaires de revenus importants et les gestionnaires d'entreprises ont avantage à connaître le cadre fiscal de plus en plus complexe des entreprises, même s'ils peuvent compter sur un conseiller fiscal compétent.

Les principaux aspects de la fiscalité des entreprises

SCIENCES

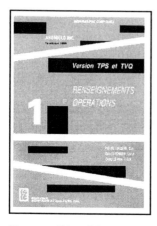

Monographie comptable Anoroulo Inc.

Cette monographie comptable consiste à utiliser le prix de revient rationnel pour déterminer le coût des commandes passées par les clients d'une entreprise industrielle.

Le travail à faire est réalisé en deux étapes opérationnelles distinctes et consécutives.

FORMAT 21 X 27 CM
CAHIER 1:
RENSEIGNEMENTS ET
OPÉRATIONS
28 PAGES
ISBN 2-89092-157-3
5,25 $
CAHIER 2: JOURNAUX
48 PAGES
ISBN 2-89092-158-7
5,25 $
CAHIER 3: GRAND LIVRE
48 PAGES
ISBN 2-89092-159-X
5,25 $
DISQUETTE DE TRAVAIL:
7,50 $
ÉDITION 1999

Pierre Giguère, c.a.
Gilles Poirier, c.m.a.
Chau Le Van, c.g.a.

Dans la première étape, il s'agit pour l'étudiant de procéder à l'inscription manuelle des opérations industrielles et commerciales relatives au dernier mois de l'exercice régulier. Elle permet à l'étudiant de visualiser le fonctionnement pratique du processus d'inscription comptable des opérations industrielles. Elle met également en lumière l'importance du système d'information comptable dans la détermination du coût des produits.

La seconde étape comporte des travaux essentiellement techniques que l'étudiant maîtrise déjà. C'est le moment, pensons-nous, de se servir de l'informatique pour alléger ces travaux. Cela permet de surcroît à l'étudiant de se familiariser davantage avec l'outil informatique.

Le coût des commandes

FORMAT 17,5 X 24 CM
336 PAGES
ISBN 2-89092-174-3
36,75 $
ÉDITION 1995

Réal Labelle,
Omer Crôteau,
Jacques Chaîné

Cas de comptabilité

Méthode et modèles
d'analyse et de synthèse

Cet ouvrage s'adresse à ceux qui désirent acquérir une méthode d'analyse de cas et utiliser efficacement les principaux outils financiers d'analyse et de synthèse dont on se sert souvent en pratique et, par conséquent, dans les études de cas.

Ce volume intéressera d'abord les étudiants en sciences comptables. Il les aidera à résoudre avec succès les cas d'expertise comptable et de comptabilité de gestion ainsi que les autres questions multidisciplinaires des épreuves d'admission à l'*Ordre des comptables agréés*, à l'*Ordre des comptables en management* et à la *Corporation professionnelle des comptables généraux licenciés.*

Également, les étudiants de premier ou deuxième cycle en administration des affaires (B.A.A., M.B.A.), qui doivent analyser plusieurs cas durant leurs études à l'intérieur de contraintes de temps serrées, tireront profit de la lecture de ce livre.

Une méthode d'analyse de cas

FORMAT 18 X 24 CM
314 PAGES
ISBN 2-89092-010-0
28,95 $
ÉDITION 1981

Léo-Paul Lauzon, *c.a.*
R.I.A.
Doctorat en gestion (Grenoble)
*Professeur au Département des Sciences comptables de l'*Université du Québec à Montréal.

La comptabilité sociale

Concepts et applications

L'objectif principal du présent livre est la mise sur pied d'un modèle de publication d'informations sociales destiné aux entreprises et autres organismes des secteurs privé et public. Les entreprises se reconnaissent aujourd'hui deux principaux objectifs: l'un d'ordre économique, l'autre d'ordre social. Si elles rendent compte depuis plusieurs années de leur objectif économique par le biais des états financiers, aucun modèle de publication d'informations sociales n'a encore été mis de l'avant au Canada.

Un autre objectif aura été d'identifier les domaines devant faire l'objet de publication d'informations sociales, le type d'informations à divulguer, la façon de les mesurer et la manière de les présenter.

Enfin, un dernier objectif aura été de formuler une série de postulats et de principes de base à l'appui du modèle de publication d'informations sociales proposé.

Un modèle de publication d'informations sociales

FORMAT 19 x 26 CM
448 PAGES
ISBN 2-89092-160-3
44,95 $

Jean-Jacques Pelletier
est membre depuis 1986 du comité de retraite du RREGOP. *Il travaille depuis 15 ans sur les dossiers d'assurances et de retraite pour les enseignants de la* FNEEQ-CSN.

Carmand Normand
*est gradué de l'*Université Laval *en sciences de l'Administration. Il œuvre depuis 1970 dans le domaine du placement. Il s'est également fait connaître comme un ardent défenseur des droits des petits actionnaires.*

Caisses de retraite et placements

Ce livre s'adresse à tous ceux qu'intéressent les questions de retraite et de placement.

Son objectif est de fournir une synthèse introductive accessible aux lecteurs qui sont moins au fait des questions de placement et de présenter des informations plus spécialisées susceptibles d'aider les lecteurs à approfondir les sujets de leurs choix.

Il devrait intéresser de façon particulière les personnes impliquées dans la gestion des caisses de retraite.

Les informations sont regroupées en cinq sections:
- une brève présentation des enjeux livrés à la retraite;
- une initiation à la gestion des caisses de retraite;
- une introduction aux marchés financiers et aux principaux véhicules de placement;
- une introduction au cadre économique des activités de placement ainsi qu'une présentation des techniques et instruments de gestion les plus utilisés;
- un guide pour formuler une politique de placement.

Introduction à la gestion des placements

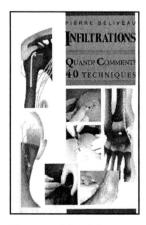

FORMAT 16 x 23 CM
128 PAGES
ISBN 2-89092-086-0
43,50 $

Pierre Béliveau, m.d.
FRCP (c) Physiatre
*Membre actif au Département de physiatrie et rhumatologie de l'*Hôtel-Dieu de Québec *et consultant à la clinique du sport de l'*Université Laval, *à Québec.*

Infiltrations

Quand ? Comment ?
40 techniques

Ce livre a été écrit dans le but d'aider le médecin généraliste, l'étudiant résident en médecine, le physiatre, le rhumatologue et l'orthopédiste dans la pratique des techniques d'infiltration de corticoïdes. Il sera particulièrement utile aux médecins qui s'intéressent à la médecine du sport et au traitement des blessures athlétiques.

Les 40 techniques les plus couramment utilisées sont décrites selon un protocole simple et facile à utiliser. Les étapes à suivre sont bien identifiées ainsi que le choix des produits et de l'aiguille à utiliser. Chaque technique est illustrée d'une photographie et d'un dessin accompagné de repères anatomiques qui permettent de mieux visualiser le trajet de l'aiguille et d'éviter de toucher les éléments neurovasculaires avoisinants.

Ces protocoles techniques sont précédés de notions générales indispensables concernant les indications, les contre-indications et les dangers de l'usage des corticoïdes en injection. Quelques mots d'explication sur les corticoïdes complètent la partie théorique.

DISPONIBLE EN ANGLAIS:

Local Steroid Injections - How and When
128 PAGES - ISBN 2-89092-097-6 - 43,50 $

IE

Tout ce que vous devez savoir sur les infiltrations

FORMAT 16,5 X 24,5 CM
336 PAGES
ISBN 2-89092-137-9
64,95 $
ÉDITION 1993

Claude Tricot,
professeur de mathéma-
tique à Montréal, possède
une grande expérience
dans le domaine des appli-
cations.

Courbes et dimension fractale

Ce livre fait une revue de diverses techniques d'analyse des courbes planes, en vue des applications. Une partie traite des courbes de longueur finie, une autre des courbes dites de longueur infinie, ou plus spécifiquement des courbes fractales. Une introduction sur les ensembles de mesure nulle sur la droite, ainsi qu'une annexe sur la notion de convexité, servent de support à ces deux parties principales.

Bien que le lecteur puisse les aborder indépendamment, elles sont reliées par des thèmes communs qui réapparaissent fréquemment au cours de l'ouvrage: par exemple, la notion de distance de Haussdorff, ou celles de voisinages («saucisses») au sens de Minkowski. Une de ses caractéristiques essentielles consiste en une étude approfondie de la «dimension fractale» (celle que l'on peut utiliser dans les applications) avec une revue des méthodes numériques d'estimation. Une analyse unifiée de ces méthodes mène à l'étude de propriétés locales d'une courbe, sous le double point de vue du «diamètre» et de la «largeur». L'intérêt de l'emploi de ces paramètres locaux pour une véritable caractérisation de différents types de courbes est sans doute le message principal, et nouveau, que transmet ce volume.

Cet ouvrage est le fruit non seulement de l'expertise de l'auteur mais de son dialogue avec physiciens et ingénieurs.

IE

Technique d'analyse des courbes

MATHÉMATIQUES

FORMAT 17 X 24 CM
202 PAGES
ISBN 2-89092-081-X
24,95 $
ÉDITION 1990

Georges Martineau,
Université de Montréal

Statistique non-paramétrique

appliquée aux sciences humaines

Ce manuel est une introduction à la statistique non-paramétrique. Il se limite à un certain nombre de tests et à quelques coefficients.

Il est destiné aux étudiants en sciences humaines qui suivent un premier cours de statistique inférentielle où l'approche non-paramétrique est privilégiée.

Ce manuel peut aussi servir d'ouvrage de référence à l'étudiant de maîtrise ou de doctorat qui, engagé dans une recherche, se pose des questions comme: *Est-ce que la variable aléatoire a une distribution normale? Est-ce que la moyenne de la population expérimentale est supérieure à la moyenne de la population de contrôle?*

EE

Introduction à la statistique non-paramétrique

MATHÉMATIQUES

FORMAT 19,5 x 26,5 CM
200 PAGES
ISBN 2-89092-044-5
17,75 $
ÉDITION 1986

Gilbert Laporte,
Roch Ouellet
*Professeurs à l'*École des Hautes Études Commerciales *de Montréal, Québec*

Théorie de la décision

Cet ouvrage s'adresse avant tout aux étudiants de premier cycle universitaire en gestion, mais également à ceux des disciplines connexes à l'administration, comme l'économie, le génie, les mathématiques, la recherche opérationnelle, etc.

L'étude du livre s'entreprend avec un minimum de notions de base, restreintes pour la plupart aux rudiments de la théorie des probabilités. Toute la matière du livre est abordée par le biais de l'arbre de décision.

Le livre contient de nombreux cas et problèmes: les uns sont surtout techniques, d'autres confrontent l'étudiant à des situations vécues par les gestionnaires, d'autres enfin s'inspirent de certains contextes de la vie courante.

AUTRES OUVRAGES DES MÊMES AUTEURS:

Inférence statistique
Théorie et problèmes résolus
FORMAT 19 x 26,5 CM - 150 PAGES
ISBN 2-89092-065-8 - 13,00 $ - ÉD. 1989

Probabilités et statistique
Théorie et problèmes résolus
FORMAT 19,5 x 26,5 CM - 200 PAGES
ISBN 2-89092-069-0 - 18,50 $ - ÉD. 1989

Solutionnaire de Probabilités et statistique
238 PAGES
ISBN 2-89092-082-8 -18,00 $ - ÉD. 1989

De nombreux cas et problèmes

MATHÉMATIQUES

FORMAT 18 x 24 CM
104 PAGES
ISBN 2-89092-080-1
13,00 $
ÉDITION 1990

Jacques Cartier,
Régis Parent,
Jean-Marc Picard

Statistique descriptive

Caractères à une dimension

Le présent manuel a pour objectifs de:
- familiariser l'étudiant avec la notion de population et celle de variable statistique associée à une population;
- étudier la notion de distribution et celle de caractéristiques d'une distribution;
- éviter le processus habituel de la plupart des manuels de statistique qui définissent une distribution par un recours à la notion de probabilité.

Ainsi conçu, ce manuel s'adresse à un public très large. Il pourra être très utile à tout étudiant qui aborde la statistique pour la première fois. Du fait que les notions prérequises ont été réduites à un strict minimum, un étudiant de niveau collégial pourra tirer de son étude un profit comparable à celui de l'étudiant de niveau universitaire.

AUSSI DISPONIBLE:

Préliminaires aux méthodes quantitatives
FORMAT 21 x 27,5 CM - 112 PAGES
ISBN 0-88567-008-6 - 12,00 $ - ÉD. 1978
Jacques Cartier, Gilbert Laporte, Régis Parent, Jean-Marc Picard

Pour un public très large

FORMAT 18 X 24 CM
232 PAGES
ISBN 2-89092-105-0
19,50 $
ÉDITION 1991-1992

Jacques Cartier,
Régis Parent,
Jean-Marc Picard

Calcul des probabilités

Cette troisième édition se distingue des précédentes par de notables améliorations qui témoignent à la fois du constant souci pédagogique des auteurs et de l'apport, sans cesse enrichi, de leur expérience d'enseignement.

Tout d'abord, en de multiples endroits, le texte a été modifié afin de gagner, soit en clarté, soit en précision. Quelques paragraphes ont été ajoutés. On trouvera aussi une nouvelle annexe fournissant brièvement quelques rappels indispensables d'analyse combinatoire, particulièrement utiles à l'occasion du parcours du premier chapitre.

Les séries de problèmes ont été mises à jour, renouvelées et sensiblement augmentées.

AUSSI DISPONIBLE:

Corrigé de calcul des probabilités
FORMAT 18 X 24 CM - 272 PAGES
ISBN 2-89092-119-0 - 22,50 $ - ÉD. 1993
Régis Parent et Marin Draghici

Événements - probabilité - variables

Inférence statistique

Le but du présent ouvrage est essentiellement d'apporter une formation, c'est-à-dire de familiariser l'étudiant avec un certain type de raisonnement.

On conçoit l'importance de chercher à développer chez l'étudiant des aptitudes pour surmonter ces types de difficultés.

FORMAT 18 X 24 CM
192 PAGES
ISBN 2-89092-078-X
15,75 $
ÉDITION 1989-90

Jacques Cartier,
Régis Parent,
Jean-Marc Picard

AUTRES LIVRES DE MATHÉMATIQUES DISPONIBLES:

Régression linéaire
FORMAT 18 X 24 CM - 96 PAGES
ISBN 2-89092-005-4 - 11,50 $
ÉD. 1979-80
J.-C. Guérard et J.-M. Picard

Optimisation
FORMAT 21 X 27,5 CM - 192 PAGES
ISBN 2-88567-006-X - 14,50 $
ÉD. 1977-78
Jacques Cartier, Régis Parent,
Gilbert Laporte et J.-M. Picard

Formation

GUIDES DE CONDUITE AUTO ET MOTO

FORMAT 19 X 23,5 CM
240 PAGES
ISBN 2-89092-164-6
24,95 $
5E ÉDITION - 1999

Charles D. Torreiro

DISPONIBLE POUR

LES LIBRAIRIES AUX

ÉDITIONS SCIENCES

ET CULTURE

Le guide d'aujourd'hui

Manuel de l'élève

Le programme complet
de la sécurité routière

Ce manuel se présente comme un résumé des améliorations apportées à la connaissance des stratégies qu'un conducteur doit utiliser sur nos autoroutes modernes pour y conduire son véhicule en toute sécurité.

- Cahier d'exercices
FORMAT 19 X 23,5 CM - 96 PAGES
ISBN 2-89092-140-9 - 14,95 $ - ÉD. 1994
- Guide pratique d'aujourd'hui
FORMAT 13,5 X 21 CM - 160 PAGES
ISBN 2-89092-151-4 - 16,95 $ - ÉD. 1994
- Cahier du motocycliste d'aujourd'hui
FORMAT 19 X 23,5 CM - 80 PAGES
ISBN 2-89092-153-0 - 14,95 $ - ÉD. 1995

DISPONIBLE EN ANGLAIS POUR LE QUÉBEC:

- Today's Motorcycle Workbook
FORMAT 19 X 23,5 CM - 80 PAGES
ISBN 2-89092-154-9 - 14,95 $ - ÉD. 1995
- Today's Exercise Book
FORMAT 19 X 23,5 CM - 96 PAGES
ISBN 2-89092-141-7 - 14,95 $ - ÉD. 1994
- Today's In Car Manual
FORMAT 13,5 X 21 CM - 160 PAGES
ISBN 2-89092-152-2 - 16,95 $ - ÉD. 1994
- Today's Driving Manual (QC) 1995
FORMAT 19 X 23,5 CM - 240 PAGES
ISBN 2-89092-177-8 - 24,95 $ - ÉD. 1995

Distribution Propulsion International inc.

GUIDES DE CONDUITE AUTO ET MOTO

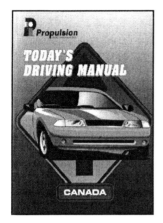

Charles D. Torreiro

Titres disponibles pour le marché canadien:

- Today's Driving Manual (Canada)
Format 19 x 23,5 cm - 256 pages
isbn 2-89092-186-7 - 39,95 $
Éd. 1998-99

- Guide d'aujourd'hui (Canada)
Format 19 x 23,5 cm - 288 pages
isbn 2-89092-169-7 - 39,95 $
Éd. 1994-95

- Driver Improvement Program
Format 19 x 23,5 cm - 64 pages
isbn 2-89092-203-0 - Éd. 1997-98

Exclusivité:

Distribution Propulsion International inc.

GUIDES DE CONDUITE AUTO ET MOTO

Charles D. Torreiro

TITRES DISPONIBLES POUR LE MARCHÉ DES ÉTATS-UNIS:

- Handbook Plus USA (1998)
FORMAT 19 x 23,5 CM - 256 PAGES
ISBN 2-89092-149-2 - ÉD. 1998-99

- Handbook Plus Workbook
FORMAT 19 x 23,5 CM - 112 PAGES
ISBN 2-89092-165-4 - ÉD. 1994-95

- Washington State Traffic
FORMAT 19 x 23,5 CM - 320 PAGES
ISBN 2-89092-197-2 - ÉD. 1995-96

- Washington Workbook
FORMAT 19 x 23,5 CM - 144 PAGES
ISBN 2-89092-236-7 - ÉD. 1998-99

- Michigan Student Manual
FORMAT 19 x 23,5 CM - 368 PAGES
ISBN 2-89092-225-1 - ÉD. 1997-98

- California Traffic Violator's (1998)
FORMAT 19 x 23,5 CM - 128 PAGES
ISBN 2-89092-176-X - ÉD. 1998-99

- Programma de Mejoramiento (1998)
FORMAT 19 x 23,5 CM - 128 PAGES
ISBN 2-89092-178-6 - ÉD. 1998-99

EXCLUSIVITÉ:

Distribution Propulsion International inc.

DIVERS

FORMAT 22 X 28,5 CM
172 PAGES
ISBN 2-89092-096-8
29,95 $

Jean-Yves Blais

Stratégie scientifique de la Pêche à la mouche

Patrons et montage

Grâce à cet ouvrage abondamment illustré de dessins et de photos en noir et blanc, contenant également 12 planches en couleurs, les amateurs de pêche pourront se familiariser avec les différents ordres d'insectes et comprendre le rôle capital de ces derniers.

L'auteur fait état dans son ouvrage des plus récentes découvertes scientifiques dans le domaine de la pêche à la mouche. En plus d'être riche d'informations précises, ce livre est véritablement pratique puisqu'il n'y est question que de mouches existantes.

Destiné avant tout aux pêcheurs à la mouche et aux fabricants de mouches, cet ouvrage intéressera aussi le naturaliste (professionnel ou amateur), l'écologiste, l'entomologiste et le biologiste.

« La pêche à la mouche fait souvent oublier les mouches à la pêche ! »
- LOUIS-PAUL ALLARD
président
Fondation québécoise
en environnement

Le rôle capital des insectes

FORMAT 14 x 21,5 CM
280 PAGES
ISBN 2-89092-139-5
19,95 $

Jacqueline Bourget
est infirmière de profession. Elle nous livre ici un premier roman après quelques publications dans le domaine de la santé.

L'amour croise toujours au loin

Cet ouvrage s'inscrit dans le contexte historique de la colonisation de l'Ouest canadien par des familles d'Alsace-Lorraine.

Le roman s'inspire de la vie pathétique d'une femme qui, très jeune, a immigré au Canada à la fin du dix-neuvième siècle.

Sur une toile de fond authentique, l'auteure a prêté vie, sentiments et émotions à tous les personnages.

Léontine n'a que trois ans lorsqu'elle arrive au Canada. Très tôt dans la vie, elle devra livrer de dures batailles pour atteindre le bonheur toujours inaccessible. À vingt ans, elle a déjà vécu les drames de toute une vie. Une existence tragique où s'entrechoquent l'amour et le devoir.

Vie - sentiments - émotions

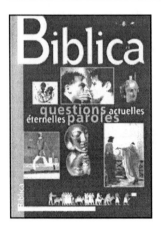

FORMAT 19 x 26 CM
306 PAGES
ISBN 2-89092-210-3
29,95 $

Collectif

ILLUSTRATIONS

COULEUR

Biblica

Questions actuelles
Éternelles paroles

La Bible ressemble à ces monuments impressionnants et vénérables dont on n'ose entreprendre la visite, de peur de s'y perdre.

Et pourtant, les questions du Livre des livres, celles du bien et du mal, de la vie, de l'amour et de la mort, résonnent toujours d'une manière criante dans notre actualité. Dès lors, pourquoi ne pas ouvrir un dialogue entre la Bible et la culture moderne? Dans *Biblica*, l'affrontement des images et des textes fait surgir, de façon totalement nouvelle, ces paroles et ces questions qui donnent sens à la vie.

Biblica suscite cette envie d'entrer dans la Bible, et permet à chacun d'y chercher librement un chemin.

FORMAT 23,5 X 31CM
178 PAGES
ISBN 2-89092-087-9
75 $
TIRAGE DE TÊTE : 400 $

Guy Robert,
*docteur en esthétique,
expert-conseil en art*

Gaston Petit

En mission itinérante
dans l'art

Ce livre étudie la carrière et l'œuvre de l'artiste Gaston Petit, en nous présentant d'abord le personnage.

Gaston Petit est né au Québec en 1930, ordonné Père Dominicain et vivant depuis 1961 au Japon, où il a créé à Tokyo un atelier de gravure fort réputé et où il a exposé dans plusieurs galeries et musées.

Doué d'un esprit curieux et inventif, Petit poursuit avec enthousiasme ses explorations, autant en civilisations orientales qu'en diverses formes d'art, en vie intellectuelle et spirituelle, et en voyages, — ce qui lui vaut d'être considéré comme *homo viator*.

La carrière artistique de Petit se déploie en peinture, calligraphie et dessin, estampe, sculpture et environnement architectural, qui inspirent autant de chapitres conduisant à une conclusion esthétique axée sur ses auto-portraits.

PLUS DE **600** ILLUSTRATIONS
DONT **180** EN COULEURS

IE

L'art devient vocation

PAR AUTEUR

PAR AUTEUR

PAR AUTEUR

PAR AUTEUR

PAR TITRE

PAR TITRE

PAR TITRE

PAR TITRE

PAR TITRE

* Tous les prix sont sujets à changement sans préavis.

IE = Interdit en Europe
EE = Exporté en Europe

BON DE COMMANDE

Quantité	Titre	Prix unitaire	Total
....	....	....	....
....	....	....	....
....	....	....	....
....	....	....	....
....	....	....	....
....	....	....	....
....	....	....	....
....	....	....	....
....	....	....	....
....	....	....	....
....	....	....	....
....	....	....	....

Sous-total .... $

Transport (minimum 5,00 $) .... $

Sous-total .... $

TPS (7%) .... $

Total .... $

Ci-joint mon chèque ....

ou Visa/Master Card no. ....

Expiration ....

ÉDITIONS SCIENCES ET *CULTURE*
5090, rue de Bellechasse
Montréal (Québec) Canada - H1T 2A2
Téléphone : (514) 253-0403 - Télécopieur : (514) 256-5078
Internet : http://www.sciences-culture.qc.ca
Courriel: admin@sciences-culture.qc.ca

Nom: ....

Adresse: ....

Ville: .... Code postal: ....

Signature: .... Date: ....

Prix sujets à changement sans préavis - 2000

ÉDITIONS SCIENCES ET *CULTURE*
5090, rue de Bellechasse
Montréal (Québec) Canada - H1T 2A2
Téléphone : (514) 253-0403 - Télécopieur : (514) 256-5078
Internet : http://www.sciences-culture.qc.ca
Courriel: admin@sciences-culture.qc.ca